RUSTIKAL –

TIMO FRANKE

RADIKAL

MEINE VEGANE KÜCHE

Ventil

FSC
www.fsc.org
MIX
Papier aus verantwortungsvollen Quellen
FSC® C128922

Dieses Buch soll keine ärztlichen Empfehlungen ersetzen, widerrufen oder ihnen widersprechen. Die Informationen in diesem Buch sind allgemeiner Natur und werden ohne Garantie seitens des Verlags und des Autors angeboten. Diese übernehmen keine Haftung für eventuell auftretende Schäden und Fehler, die durch die Verwendung des Buches auftreten.

Edition Kochen ohne Knochen

ISBN 978-3-95575-140-1
1. Auflage April 2021

Fotografien: Martin Oelze und Dirk Ostermeier,
außer S. 16, 24, 28, 29, 37, Cover vorne: Marius Ladner,
S. 9: Ralf Moeller
Layout und Satz: Oliver Schmitt
Druck und Bindung: Himmer GmbH Druckerei, Augsburg

Ventil Verlag, Boppstr. 25, D-55118 Mainz
www.ventil-verlag.de

INHALT

KNOW-HOW

BASICS: SOSSEN

BASICS: GRUNDREZEPTE

CLASSICS

rustikal

radikal

rustikal

radikal

GESCHMORT & GEBRATEN

rustikal

radikal

rustikal radikal

VORWORT

RALF MÖLLER

Ich kenne Timo Franke – einer meiner Meinung nach besten veganen Köche im deutschsprachigen Raum – seit Oktober 2020. Kennengelernt hatten wir uns bei einem Live Koch Event von Lidl in Berlin. Bodenständig und eine echte Kante aus dem finsteren Schwarzwald mit bewegter Vergangenheit – Timo ist für mich so ein bisschen der Jamie Oliver der veganen Szene. Man muss ihn einfach mögen. Ich mag ihn jedenfalls so sehr, dass ich sogar kurzerhand beschloss, drei exklusive Rezepte von Timo in meinem neuen Buch zu veröffentlichen.

Das Kochen hat Timo von seinen Großeltern gelernt, und nach Ausbildung zum Koch zog es ihn dann zu den »Großmeistern« in die Traube Tonbach und später ins Adlon in Berlin. In der Schauspielbranche ist das in etwa so wie Hollywood: ganz großes Kino!

Heute ist Timo aber nicht nur weiterhin Koch aus Leidenschaft, sondern auch erfolgreicher Unternehmer, der andere Unternehmen berät und Produkte für den Einzelhandel entwickelt. Außerdem veranstaltet Timo Kochkurse, organisiert Dinner-Events, macht Caterings und ist ein immer gern gesehener Gast auf Messen, Kochshow-Bühnen oder auch in kleineren TV-Formaten.

Ich hatte die Chance, bereits vor Veröffentlichung des Buches einige der Rezepte nachkochen zu können und verspreche: Ihr könnt euch auf etwas gefasst machen, der Buchtitel ist Programm! Abwechslungsreich, anspruchsvoll, oder kurz gesagt: veganer Foodporn auf höchstem Niveau!

Und nun wünsche ich allen Leser:innen viel Freude beim Nachkochen und vor allem: guten Appetit!

Berlin, Februar 2021

VORWORT

TIMO FRANKE

»Wow!« ist das erste Wort, das mir zur Entstehung meines Kochbuchs einfällt. Eigentlich hatte ich gar nicht vor, ein Kochbuch zu schreiben, da mich zu der Zeit ein anderes Projekt voll beanspruchte. Aber je länger ich mit meiner Geschäftspartnerin Lili und dem Ventil Verlag über die Idee sprach, desto überzeugter wurde ich.

Vor diesem Buch hatte ich zwei »Mini-Kochbücher« geschrieben, und so hielt ich es zunächst für naheliegend, einfach meine Lieblingsrezepte aus diesen beiden kleinen Büchern mit neuem Layout als eigenständiges Buch herauszubringen. Einfach weil mir die zündende Idee für ein Konzept fehlte. Da ich aber ein ziemlicher Perfektionist bin, haute mich die Vorstellung eines simplen »Best-of«-Buches auch nicht wirklich vom Hocker.

Dann kam uns in einem Meeting mit unserem Marketing- und Grafikexperten Tino Rode schließlich doch noch die zündende Erkenntnis: Meine Küche ist deswegen so besonders und einzigartig, weil ich beim Kochen die Brücke von rustikalen Klassikern aus dem Rezeptbuch meiner Oma bis hin zur radikalen Neuinterpretation dieser Gerichte auf Fine Dining Niveau schlage.

So war die Idee zu »Rustikal – radikal: Meine vegane Küche« geboren. Ich war nun Feuer und Flamme und machte mich sofort an die Umsetzung. Innerhalb kürzester Zeit hatte ich Rezepte zusammengetragen und geschrieben. Die Ideen flossen nur so, und das Ergebnis hältst du gerade in den Händen.

Dieses Buch beschreibt perfekt meine kulinarische Seele. Ich will mit meiner Art des Kochens Altbewährtes würdigen, gleichzeitig aber auch klassische Elemente mit ausgefallenen und radikalen Stilelementen verbinden, ohne dabei die Wurzeln der Gerichte zu drastisch zu verändern. Und so findest du in diesem Buch jeweils zwei Varianten der Gerichte: klassisch veganisiert zubereitet sowie radikal neu interpretiert. Du hast die Wahl!

Mit den klassischen Varianten möchte ich beweisen, dass die nicht-veganen Gerichte aus Omas Küche mühelos zu veganisieren sind. Sie sollen die gleichen Emotionen und Kindheitserinnerungen wecken, die wir wohl alle mit dem Gericht verbinden. Gleichzeitig möchte ich mit meinen modernen Neuinterpretationen dieser Gerichte zeigen, wie die vegane Küche in Sterne-Restaurants aussehen sollte: Kreativ, innovativ und vor allem unglaublich köstlich.

Auch wenn meine Kindheit vielleicht nicht immer perfekt war, so haben mich meine Erinnerungen an sie schon immer kulinarisch geprägt. Wenn ich als kleiner Knirps Mama oder Papa beim Kochen zusehen durfte, vermittelten mir diese Momente das Gefühl von großer Heimeligkeit und Harmonie. Diese Momente sind so tief in meinem Herzen verankert, dass mich bestimmte Gerüche und oder Geschmäcker auf vertraute Weise in jene Zeit zurückkehren lassen, als wäre ich für einen Moment wieder fünf Jahre alt: Kuchenduft, Brühen, Saucen oder die Suppe mit den Tomaten aus Omas Garten. Ich merke, wie ich gerade wieder so richtig ins Schwärmen komme. Versteht ihr, was ich meine? Gut!

Ich bin dem Leben unglaublich dankbar dafür, dass es mir so wundervolle Chancen gibt. 2011 kochte ich noch in einem 5-Sterne-Hotel und war unglücklich mit dem, was ich tat. Ich war extrem überarbeitet, stark übergewichtig und mir war klar: Wenn ich nicht bald etwas ändere, dann nimmt das kein gutes Ende.

Zum Glück gab mir das Leben eine zweite Chance, und ich durfte nach einem Herz-Kreislauf-Kollaps noch einmal neu starten. Die Ärzte versicherten mir, dass ich mit der bisherigen Lebensweise nicht einmal 30 Jahre alt geworden wäre. Die Warnsignale hätten nicht deutlicher sein können. Daher entschied ich mich, meine Lebensweise radikal zu verändern. Ich ernähre mich und koche seitdem komplett vegan. Diese Entscheidung habe ich noch keinen Tag bereut. Fast neun Jahre später – deutlich fitter und fast halb so schwer – bin ich zwar immer noch keine Elfe, doch ich arbeite daran.

Was ich dir damit sagen möchte: Du kannst in deinem Leben alles erreichen, egal wie schlecht es gerade aussieht. Du musst nur Mut fassen und an dich glauben. Und es ist wichtig, dass du deinem Herzen und deiner Seele stets etwas Gutes tust. Auch dafür habe ich in diesem Buch für dich und deine Liebsten die tollsten Rezepte zusammengetragen, die ich entwickeln konnte und durfte. Ich hoffe, sie bereiten euch ebenso viel Freude wie mir und wecken wunderbare Kindheitserinnerungen auch bei euch.

Viel Spaß beim Nachkochen!

TIMOS STORY – I DID IT MY WAY

Wie und warum wird man eigentlich zum veganen Koch, wenn man vorher in der Sterne-Gastronomie mit vielen tierischen Produkten gekocht hat?

Ich habe – obwohl ich die Antwort insgeheim schon so lange kenne – intensiv darüber nachgedacht, doch früher oder später komme ich immer wieder zur gleichen Erkenntnis: Weil ich es kann. Ganz im Ernst, häufig frage ich mich: Warum gibt es noch nicht viel mehr vegane Köche mit echtem fachlich gastronomischen Hintergrund? Wir gelernten Köche sind in der veganen Küche bislang tatsächlich eine Rarität. Ich hoffe, dass sich das in Zukunft deutlich verbessern wird.

Ich möchte dich daher auf meinen Weg mitnehmen, dir verraten, warum Essen bis heute mein Leben ist, und warum dieses Buch so bedeutsam für mich und meinen Werdegang ist.

Aber lass mich von vorne beginnen: Ich behaupte einmal, dieses Buch erklärt und erzählt mein Leben auf kulinarische Weise perfekt. Es zeichnet den Weg eines kleinen Jungen aus dem Schwarzwald nach, der mit Fleiß, Willensstärke, Ehrgeiz, Disziplin und Struktur den Aufs und Abs des Lebens immer wieder trotzte und dabei zu einem kreativen Koch geworden ist, der heute Unternehmen berät und Produkte für den Einzelhandel entwickelt.

Es ist ein langer und nicht selten beschwerlicher Weg, den ich seit einiger Zeit mit meiner Geschäftspartnerin und besten Freundin Lili beschreite. Ohne sie wäre all dies gar nicht möglich.

Mein Leben beginnt am 15. Februar 1987 im beschaulichen Bühl in Baden. Als erstes Kind sehr junger Eltern verbrachte ich meine Kindheit im malerischen Rotweindorf Kappelrodeck im Herzen Badens. Auch wenn das Geld manchmal knapp

war, versuchten meine Eltern, mir eine schöne Kindheit zu ermöglichen. Doch es gab auch einige schwere Zeiten und ich verbrachte sehr viel Zeit bei meinen Großeltern.

Und genau hier entstand meine Liebe für gutes und selbst zubereitetes Essen. Die Küche meiner Großmutter war fantastisch und ich erinnere mich bis heute an die wundervollen Momente mit ihr am Herd. Es gab stets Frisches aus dem eigenen Garten, es wurde fermentiert und eingeweckt, Brühen und Soßen wurden mit den besten Produkten, die der Schwarzwald zu bieten hatte, angesetzt. In der Küche fühle ich mich seit damals zu Hause. So sehr, dass ich ein paar Jahre später nichts lieber wollte als Koch zu werden, und meinem Wunsch ein Praktikum in meinem späteren Ausbildungsberuf folgen ließ.

Der »Gasthof zum Prinzen« war damals über die Landesgrenzen hinaus bekannt und gehörte zu einem der besten Häuser der Region. Unter meinen beruflichen wie persönlichen Vorbildern Hans-Jörg Schmälzle und Frank Müller durfte ich drei Jahre lang die Basis des Kochhandwerks erlernen, bevor ich meine erste Gesellenstelle in der berühmten »Traube Tonbach« in Baiersbronn antrat. Hier kochte ich mit der Legende Harald Wohlfahrt, der über Jahrzehnte einer der Besten seines Fachs war. Er wurde stolze 25 Mal mit drei Michelin-Sternen ausgezeichnet – eine unglaubliche Leistung! Rund 70 Michelin-Sterne erkochten sich die Jungköche aus dieser Talentschmiede später in anderen Restaurants. Diese Station in meiner Kochlaufbahn war nicht nur eine der bedeutendsten, sondern auch die, bei der ich fachlich am meisten lernte.

Es folgten Stationen im badischen Oberkirch und am Achensee in Tirol sowie ein kurzes Gastspiel auf Sylt, bevor ich für knapp zwei Jahre in meinen Ausbildungsbetrieb zurückkehrte. Dort konnte ich mein erlerntes Wissen weiter festigen und im bekannten Umfeld umsetzen. Mit gerade einmal 22 Jahren stand ich dann erstmals als Küchenchef mit einer eigenen Brigade in der Küche. Motiviert bis in die Zehenspitzen war es fortan mein Ziel, schnellstmöglich meinen ersten eigenen Michelin-Stern zu erkochen. Am liebsten wäre ich Deutschlands jüngster Sternekoch aller Zeiten geworden. Dass es schließlich nicht geklappt hat, nehme ich heute mit einem Schulterzucken hin. Doch damals wurmte es mich so gewaltig, dass ich zunächst keine Lust mehr auf diesen Sterne-Zirkus hatte. Ich ließ mich daher als Küchenchef in einer Tapasbar, in Schnitzelbuden und in einer »Ballerbude« (so nennen wir Köche Restaurants mit enorm vielen Sitzplätzen und zu wenigen Köchen) anstellen, ehe es mich nach Berlin an den Pariser Platz ins Hotel Adlon zog.

Voller Legenden und Mythen hat das Haus bis heute seinen Charme und vor allem seine altehrwürdige Klasse gehalten. Luxus pur wohin man schaut. Allein mit meinen Erlebnissen aus diesem Kapitel meiner Kochlaufbahn könnte ich ganze Romane füllen, denn das, was ich hier er- und überlebt habe, reicht locker für fünf Leben. Dieses Kapitel wurde zum Auslöser für mein zweites Leben, doch das ahnte ich damals natürlich noch nicht.

Ich fröhnte während meiner Zeit im Adlon einem äußerst ungesunden Lebensstil – und nahm sehr schnell zu. Kein Wunder: Zu diesem Zeitpunkt war für mich alles unter einem 400-Gramm-Carpaccio keine richtige Portion Fleisch. Und das, obwohl ich schon als Kind irgendwie ahnte, dass es nicht richtig sein konnte, Tiere zu streicheln und sie trotzdem zu essen.

Doch diese Gedanken verdrängte ich für eine ganze Weile, denn in der Küche des Adlons ging es nicht um Tierliebe oder Nachhaltigkeit, sondern einzig und allein um das perfekte Gericht.

Viel Arbeit und dazu eine schlechte Ernährungsweise mit viel fettigem Fastfood machten mich in kurzer Zeit zu einer – wie ich so oft und gerne sage – »Mugel«: halb Mensch, halb Kugel. Es war nur eine Frage der Zeit, bis der große Knall unweigerlich kommen würde. Als mein Herz-Kreislauf-System schließlich versagte, wog ich stattliche 160 Kilo. Erst jetzt verstand ich, dass es so nicht weiter gehen könnte und ich mein Leben dringend ändern musste.

Die wichtigste Motivation war natürlich die eigene Gesundheit, doch auch meine Tierliebe trieb mich zunehmend an. Ich entschloss, mich fortan vegan zu ernähren und vegan zu kochen. Und ich wollte den Beweis antreten, dass eine Küche ohne tierische Lebensmittel keinesfalls bedeutet, auf deftige und anspruchsvolle Gerichte zu verzichten.

Ich kehrte schließlich Berlin den Rücken, um im Schwarzwald erneut eine Stelle als Küchenchef anzunehmen. Bald schon waren die veganen Dinner-Events, die ich veranstaltete, weit über die Landesgrenzen bekannt. Gleichzeitig widerstrebte es mir zunehmend, parallel dazu in Restaurants als angestellter Koch tierische Produkte zu verarbeiten. Der nächste logische Schritt war demnach der Sprung in die Selbstständigkeit. Mit Kochkursen, Dinner-Events, Catering, Streetfood-Märkten und einer veganen Snackbar in meiner Stammkneipe machte ich mir schnell einen Namen. Als Highlight folgte im Dezember 2014 mein Stand auf dem Weihnachtsmarkt in meiner Geburtsstadt Bühl. Ein veganes Angebot war hier nicht nur etwas Neues, sondern fast schon sensationell – und so war die mediale Aufmerksamkeit enorm. So enorm, dass die Stadt Bühl mich unbedingt als Koch behalten wollte und mir deshalb gerne auf der Suche nach einem festen Standort half. Anfang 2015 eröffnete ich – gerade einmal 27 Jahre alt – mein erstes Restaurant »Vegan Cuisine by Timo Franke«. Das war ein unglaublicher Erfolg für mich und eine Bereicherung für die ganze Region. Zwei wilde und durchaus erfolgreiche Jahre betrieb ich mit meinem Team das Restaurant in bester Lage. Doch nicht alles im Leben hat Bestand oder ist für die Ewigkeit. Nach zwei Jahren und einigen Fehlern musste ich das Restaurant wieder schließen. Größere Projekte hatten nicht funktioniert und ein zu großes Loch in meine Kasse gerissen. Eine Mischung aus mangelnder Erfahrung und einem viel zu hohen Arbeitspensum ließen mich bisweilen einfach nicht klar erkennen, was für den Erhalt meines Betriebes am wichtigsten gewesen wäre. So folgte ein weiterer großer Rückschlag in meinem Leben: Der Gang in die Insolvenz.

Doch auch diese Erfahrung entmutigte mich nicht. Nach einigen Wochen der Trauer um das, was ich mir mit so viel Mühe aufgebaut hatte, rappelte ich mich auf, um die Menschen weiterhin mit meiner Küche zu begeistern. Es folgten Stationen im Allgäu, in Stuttgart und in der »Villa Vegana« auf Mallorca. Ich arbeitete als Küchenchef im »Natur Hotel Lechlife« und gab zahlreiche Kochshows mit dem Vegankoch und Bruder im Geiste Björn Moschinski, der mir gleichzeitig ein Mentor war.

Heute schaue ich glücklich auf eine bewegte Vergangenheit zurück, die mich genau zu dem Menschen gemacht hat, der ich heute bin.

Im März 2020 zog es mich erneut nach Berlin, um gemeinsam mit meiner Geschäftspartnerin Lili Weber das erfolgreiche Startup »VEGAN.UNITED« zu gründen. Neu aufgestellt, setze ich meine Entdeckungsreise köstlich veganen Neulands ungebremst fort.

Meine Story geht weiter.

KNOW-HOW

DIE WICHTIGSTEN KOCHTECHNIKEN

»Die verschiedenen Zubereitungsarten umfassen die wichtigsten Grundlagen der Kochkunst. Sie stellen die Grundlagen dar, die für jeden geregelten Arbeitsgang erforderlich sind und deren unbedingte Beherrschung das Kochen erst zur Wissenschaft erhebt. Nur derjenige, der Ursache und Wirkung der einzelnen Zubereitungsarten genau kennt, beherrscht die Kochkunst in vollem Umfange.«

Georges Auguste Escoffier

Selbst zu kochen hat zahlreiche Vorteile. Es ist nicht nur ein tolles Hobby, von dem wir und unsere Mitmenschen profitieren, es kann auch erheblich zum körperlichen Wohlbefinden beitragen. Für viele ist Kochen kein Stress, sondern pure Entspannung. Für mich ist Kochen fast schon eine meditative Tätigkeit, bei der ich den Kopf ausschalten und einfach meinem Handwerk nachgehen kann.

Neben einer entspannten inneren Haltung profitiert mein Körper auch auf andere Weise. Denn wenn ich selbst koche, ernähre ich mich in der Regel auch gesünder. Statt beim nächsten Imbiss vorbeizugehen oder eine Tiefkühlpizza in den Ofen zu schieben, landen in meinen Kochtopf überwiegend frische Zutaten, die meinem Körper viele wertvolle Nährstoffe liefern. So schmeckt das Essen nicht nur richtig gut, sondern ich fühle mich auch vitaler und lebe langfristig gesünder.

Das Tolle ist: Beim Kochen kannst du kreativ werden und immer wieder neue Zutaten-Kombinationen ausprobieren. Allerdings solltest du einige Stolperfallen vermeiden, damit deine selbst zubereiteten Kreationen ein voller Erfolg werden.

Im Folgenden möchte ich dir daher einige Tipps mit auf den Weg in die Küche geben, damit du nicht nur mehr Freude am Kochen hast, sondern das Ergebnis auch überzeugt. Fangen wir zunächst mit ein wenig Theorie an: Was bedeutet Kochen eigentlich rein technisch betrachtet?

GAREN VON SPEISEN

Durch den Vorgang des Garens werden Lebensmittel in einen genussfähigen Zustand gebracht. Die beim Garen entstehende Wärme bewirkt in Lebensmitteln folgendes:

- **Lockerung:** Die Nährstoffe werden verdaulicher gemacht.
- **Eiweißgerinnung und Stärkeverkleisterungen:** So können die die Nähstoffe besser aufgenommen werden.
- **Geschmacksveränderung und -verbesserung,** besonders beim Braten und Backen.

Die zum Garen benötigte Wärme kann grundsätzlich über drei Grundtechniken auf die Lebensmittel übertragen werden. Unabhängig von der Art, wie die Wärme erzeugt wird, passieren folgende Prozesse:

- **Strömung oder Konvektion:** In Flüssigkeiten (Wasser, Fett) und Luft steigen warme Teilchen nach oben, abgekühlte fallen wieder nach unten. So kommt es zu einem Kreislauf.
- **Strahlung oder Rotation:** Von jeder Wärmequelle gehen Strahlen aus. Treffen sie auf Gargut, erwärmen sie diese. Beispiel: Backrohr, Infrarotstrahler etc.
- **Kontakt oder Leitung:** Die Wärme wird bei Materialien, die in direktem Kontakt stehen (Herdplatte → Pfanne → Pfannkuchen), am schnellsten übertragen.

Wird zum Garen Wasser verwendet, ist die Gartemperatur auf 100 °C begrenzt – beim Dampfgaren auf 120 °C. Höhere Temperaturen sind generell möglich, wenn Luft oder Fett die Wärme übertragen oder in direkten Kontakt mit dem Lebensmittel kommen.

Da die Veränderungen, die beim Garen in Lebensmitteln stattfinden, sehr von der Temperatur abhängen, unterscheidet man die Garverfahren in zwei verschiedene Hauptgruppen:

- **Feuchte Garverfahren** wie zum Beispiel kochen mit Wasser oder dämpfen mit Dampf.
- **Trockene Garverfahren** wie Materialkontakt beim Braten, Luftkontakt beim Backen oder Fett beim Frittieren.

GAREN MIT FEUCHTER WÄRME

Beim Garen mit feuchter Wärme unterscheidet man nach der Höhe der Gartemperatur:

- unter 100 °C: garziehen, pochieren
- um 100 °C: kochen
- über 100 °C: druckgaren

Garziehen

Das Garziehen wird bei Lebensmitteln mit lockerer Struktur angewandt, beispielsweise bei Farcen oder Soufflés. Weil das Wasser unter dem Siedepunkt bleibt, kommt es nicht zum Wallen, und das Abtrocknen der jeweils äußeren Schicht wird vermieden.

Kochen

Beim Kochen wird so viel Flüssigkeit zugegeben, dass das gesamte Produkt mit Wasser bedeckt ist. Die Temperatur steigt nach und nach auf fast 100 °C. Sobald die Kochflüssigkeit zu sprudeln beginnt, nimmt man die Temperatur etwas zurück, denn mehr als Kochen kann das Wasser schließlich nicht. Es wäre daher Energieverschwendung, wenn man versuchen würde, der kochenden Flüssigkeit noch mehr Wärme zuzuführen.

Druckgaren

Beim Druckgaren wird der Wasserdampf durch einen Deckel, der mit dem Topf fest verschlossen ist, zurückgehalten. So baut sich Druck auf. Mit steigendem Druck steigt die Gartemperatur, ein Ventil regelt dabei die Druckstärke. Bei normalem Luftdruck kocht das Wasser bei 100 °C. Wird darüber hinaus Wärme hinzugefügt, verdampft das Wasser und entweicht. Die höhere Temperatur wirkt intensiver und verkürzt die Kochzeit.

Dämpfen

Die Lebensmittel liegen beim Dämpfen in einem Siebeinsatz. Der Boden des Dämpfers ist mit Wasser bedeckt. Bei Wärmezufuhr wird das Wasser zu Dampf, der die Wärme auf die Lebensmittel überträgt.

Dünsten

Die Rohstoffe werden mit wenig Flüssigkeit und etwas Fett in einen Topf gegeben und abgedeckt. Bei stark wasserhaltigen Lebensmitteln tritt bei der Wärmezufuhr so viel Saft aus, dass auf eine Zugabe von Flüssigkeit verzichtet werden kann. Man spricht dann vom Dünsten im eigenen Saft.

Gratinieren

Feuchte Garverfahren erhalten den Eigengeschmack der Speisen. Will man jedoch Geschmack und Optik verändern, so können bereits gegarte Lebensmittel zusätzlich gratiniert werden. Dabei entsteht durch Hitzeeinwirkung von oben eine goldgelbe bis bräunliche Kruste. Dafür werden die bereits gegarten Lebensmittel mit geriebenem (veganen) Käse, Margarine-Flocken oder Sauce Béchamel bedeckt und unter einem Salamander (Oberhitze Grill) oder im Ofen bei Oberhitze überbacken.

GAREN MITTELS TROCKENER WÄRME

Unter Garen in trockener Wärme versteht man das Garen ohne Wasser. Die benötigte Wärme kann auf das Gargut übertragen werden durch:

- **Direkten Kontakt,** zum Beispiel mit einer Pfanne oder einer Grillplatte
- **Heißes Fett,** zum Beispiel in einer Fritteuse
- **Heiße Luft,** zum Beispiel im Ofen
- **Strahlung,** zum Beispiel im Ofen oder im Salamander (Ofen mit starker Oberhitze).

Die Temperaturen liegen hier zwischen 150 °C bei heißem Fett und 260 °C bei heißer Luft. Durch die starke Wärmeentwicklung bildet sich eine Kruste, die dabei entstehenden Röststoffe erzeugen das typische Röstaroma.

Backen

Beim Backen wird Teig gegart, in der Regel im Backofen oder in der Pfanne. Durch die dabei ablaufenden Prozesse wird der Teig zunächst aufgelockert, später dann verfestigt. So bildet sich in den Randschichten eine aromatische Kruste mit den geschmacksgebenden Röststoffen. In der Krume (also im Inneren) gerinnen die Eiweißstoffe des Mehles und bilden ein elastisches Porengerüst. Die Stärke des Mehles verkleistert gleichzeitig und nimmt dabei Flüssigkeit auf.

Braten

Beim Braten in der Pfanne verwendet man wasserfreie Fette (zum Beispiel neutrales Pflanzenöl oder Kokosfett), denn wasserhaltige Fette wie Butter oder Margarine würden spritzen und sind nicht ausreichend erhitzungsfähig. Durch das Braten gerinnt das Eiweiß in den Randschichten des Bratgutes und bildet die typischen Röststoffe, die essenziell für die Geschmacksgebung sind. Die Wärme dringt hier von außen ins Innere.

Sautieren

Sautieren ist eine besondere Form des Kurzbratens: Das zerkleinerte Gargut (beispeilsweise Sojageschnetzeltes) brät offen in einer Pfanne mit hochgezogenem Rand (Sauteuse) bei starker Wärmeeinwirkung bei Temperaturen von circa 160 °C bis 240 °C. Dabei ist wichtig, dass sich nur so viel Fett in der Pfanne befindet, dass das Gargut nebeneinander liegt und die Hitze so schnell aufnehmen kann. Durch Schwenken wird das Gargut gewendet und gleichmäßig gegart.

Braten im Ofen

Man unterscheidet zwischen zwei Stufen:

- Anbraten im Ofen bei hoher Temperatur zur Bildung einer Kruste und
- Weiterbraten bei niedrigerer Temperatur bis zum gewünschten Garzustand.

Dabei überträgt sich die Wärme durch Strahlung im Rohr des Ofens oder durch Strömung im Konvektionsofen.

Grillen

Die trockene Wärmeeinwirkung führt rasch zu einer geschmacksgebenden Kruste. Ähnlich wie beim Kurzbraten wählt man die Garstufe (etwa durch das Verstellen des Rostes beim Kohlegrill) je nach Gargut. Damit die Randschichten nicht austrocknen, wird das Gargut vorher mit Öl oder Fett bestrichen.

Frittieren

Beim Frittieren umschließt das heiße Fett das Gargut in der Regel komplett, weshalb die Wärme hier sehr schnell übertragen wird. Kurze Garzeiten sind die Folge. Zum Frittieren eignen sich nur wärmebeständige Spezialfette. Vorsicht: Bei Temperaturen über 175 °C entstehen gesundheitsschädliche Stoffe wie Acrylamid.

Schmoren

Schmoren ist ein zweistufiges Garverfahren, bei dem das Gargut zunächst angebraten und anschließend in siedender Flüssigkeit weitergegart wird. Durch das Anbraten des Garguts entstehen Farbe und Geschmacksstoffe, die für Schmorgerichte typisch sind. Nach dem Aufgießen mit Flüssigkeit (Wasser, Fond oder Wein) wird das Schmorgut bei mäßiger Temperatur in einem geschlossenen Topf weiter gegart. Die Technik des Schmorens wendet man in der Fleischküche vor allem bei bindegewebereichen Lebensmitteln an.

WEITERE GARMETHODEN

Fermentation

Die Fermentation ist eines meiner Lieblingsthemen in der Küche und die Grundlage so vieler Prozesse, die es in der Küche zu verstehen gilt.

Unter Fermentation versteht man einen Stoffwechselprozess, der durch die Wirkung von verschiedenen Enzymen chemische Veränderungen in Lebensmitteln hervorruft. Ich bezeichne es gerne zur Erklärung als biochemische Garung, die genau definiert die Extraktion von Energie aus Kohlenhydraten unter Entzug von Sauerstoff beschreibt. Durch dieses Verfahren werden Lebensmittel haltbar gemacht.

In der Lebensmittelproduktion kann die Fermentation im Allgemeinen alle Prozesse bezeichnen, bei dem die Aktivitäten von Mikroorganismen eine gewünschte Änderung eines Lebensmittels oder Getränks bewirken.

Übrigens: Schon seit der Jungsteinzeit verwenden Menschen die Fermentation zur Herstellung von Nahrungsmitteln und Getränken. Beispielsweise wird die Fermentation zur Konservierung in einem Prozess verwendet, bei dem Milchsäure in sauren Lebensmitteln wie eingelegtem Gemüse, Kombucha, Kimchi oder Joghurt sowie zur Herstellung von alkoholischen Getränken wie Wein oder Bier eingesetzt wird. Fermentationsprozesse finden übrigens auch im Magen-Darm-Trakt von Tieren und Menschen statt.

Kaltgaren

Unter Kaltgaren versteht man das Garen vor allem von Spargel sowie klein geschnittenem oder dünn geschnittenem Gemüse-Carpaccio. Ihren Ursprung hat diese Art der Zubereitung in Peru, wo sie Ceviche genannt wird.

Die Lebensmittel werden in einer sauren Marinade kalt gegart. Beim Kaltgaren führt die Säure in Verbindung mit dem Zucker der Marinade zu einer strukturellen Veränderung im Protein und verändert die Struktur des Garguts, denaturiert es also. Dies führt letztlich zu einem ähnlichen Ergebnis wie beim Braten.

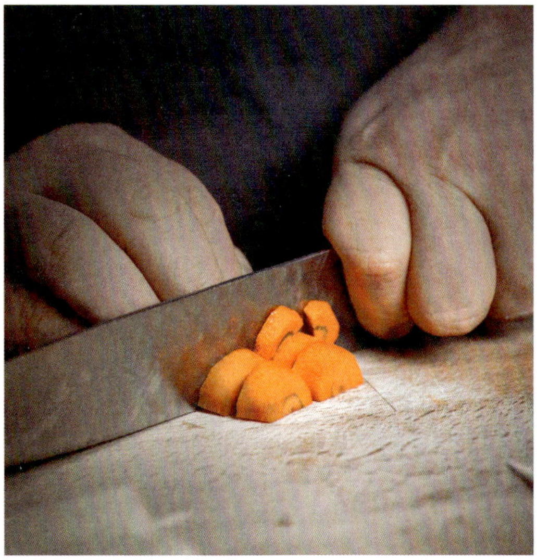

SCHNEIDETECHNIK – SCHNIBBELN WIE EIN PROFI

Ganz klar: Bei diesem Thema kann so einiges schief gehen und im schlimmsten Fall blutig enden. Eine der ersten Techniken überhaupt, die man in der Kochausbildung lernt, ist daher aus gutem Grund das richtige Schneiden der Lebensmittel.

Grundsätzlich gilt dabei: Eine Hand hält das Messer, die andere das Schneidegut. Damit beim Schneiden die Finger nicht in Mitleidenschaft gezogen werden, zeigen deine Fingerkuppen leicht nach hinten, Daumen und kleiner Finger verstecken sich hinter den anderen Fingern und sind damit in Sicherheit. Diesen Griff nennt man Krallengriff.

Um das Messer noch sicherer zu führen, können die Knöchel der mittleren Finger gegen die Messerklinge gerückt werden. Das Messer wird mit den drei hinteren Fingern gehalten (also Mittelfinger, Ringfinger und kleiner Finger). Daumen und Zeigefinger liegen links und rechts an der Klinge an. Sohat man das Messer sicher im Griff.

Die effektivste und von mir am meisten verwendete Schneidetechnik ist das Wiegen mit dem Kochmesser. Diese Technik ist leicht zu lernen und geht in kürzester Zeit in Fleisch und Blut über (eine gewagte Redensart, wenn man von scharfen Küchenwerkzeugen in der veganen Küche spricht).

Beim Wiegen bleibt die Messerspitze auf dem Schneidebrett. Hebe nun den mittleren Teil der Klinge in einer Wiegebewegung über das Schnittgut und schneide es nach vorne und gleichzeitig nach unten. Führe dabei das Messer mit den Knöcheln der Hand, die das Schnittgut hält. Wenn du nun die Führungshand langsam nach hinten ziehst, kannst du in einer flüssigen Bewegung das gesamte Schnittgut zerteilen. Das klingt im ersten Moment etwas kompliziert, aber nach zwei bis drei Zwiebeln hat man die Bewegung meistens gut raus.

Ganz wichtig ist: Sauber schneiden, nicht quetschen oder hacken. Sonst treten Flüssigkeiten aus, die eigentlich erst beim Kochen ihr Aroma entfalten sollen. Wie bei so vielem heißt es auch hier: Übung macht den Meister. Je öfter du diese Technik übst, desto schneller wirst du mit der Zeit.

Unterschiedliche Schnittformen

Die unterschiedlichen Schnittformen werden von der Gemüseart und der vorhergesehenen Verwendung bestimmt:

- **Julienne:** Feine Stifte, ca. 4 cm lang, mit ca. 3 mm Durchmesser
- **Feine Julienne:** Wie Julienne, aber noch feiner mit ca. 1,5 mm Durchmesser
- **Bâtonnets:** Dicke Stifte, ca. 6 × 6 × 50 mm
- **Chiffonade:** Kräuter und Salat in feinste Streifen geschnitten
- **Brunoise:** Feine Gemüsewürfel aus Julienne geschnitten
- **Paysanne:** Gemüsewürfel nach Bauernart aus vierkantigen Stäben in 2 mm dicke Blättchen geschnitten

DIE RICHTIGEN WERKZEUGE

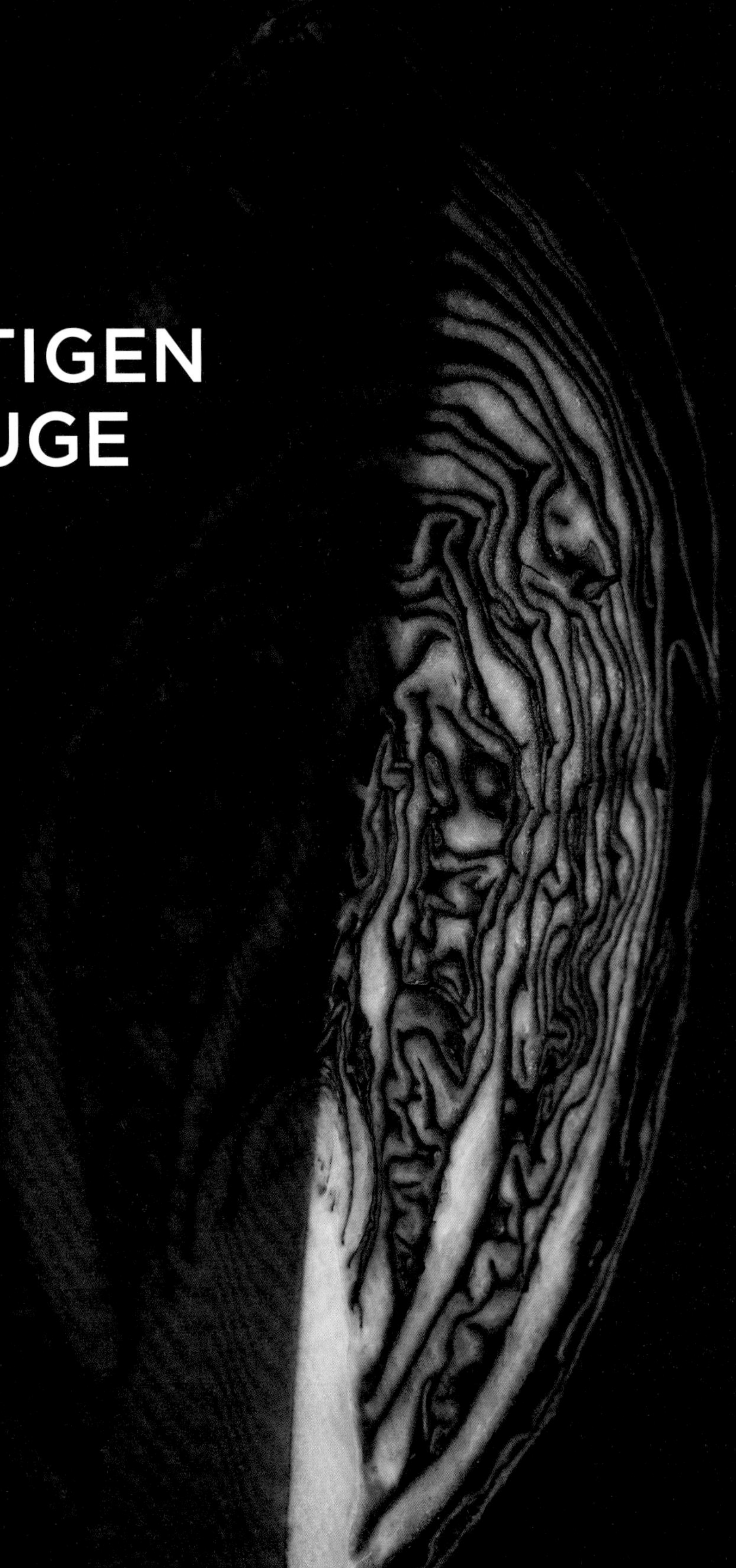

DAS WICHTIGSTE WERKZEUG: DAS MESSER

Das wichtigste Werkzeug in der Küche ist definitiv das Messer. Je nach Einsatzgebiet gibt es speziell geeignete Messer, die sich hauptsächlich in Größe, Form und Beschaffenheit der Klinge unterscheiden.

Für alle Arten gilt: Das Messer muss gut in der Hand liegen. Dabei ist einerseits das Verhältnis von Griff zu Klinge wichtig. Andererseits kommt es auf das Gewicht an: Ist ein Messer zu leicht, liegt es nicht gut in der Hand. Die Klinge muss federnd und zugleich hart sein, dann ist sie belastbar und zugleich schnitthaltig. Von »Schnitthaltigkeit« und »Standfestigkeit« spricht man, wenn die Klinge die Schärfe lange hält.

Der richtige Messergriff schützt gleichzeitig auch vor Unfällen, eine raue Oberfläche gewährleistet einen sicheren Griff. Außerdem ist der Fingerschutz besonders wichtig, denn er verhindert das Abrutschen der Hand in die Klinge.

Als Basis für die pflanzliche Küche sind zwei Messer schon ausreichend: Zum einen ein klassisches mittelgroßes Küchenmesser zum Schneiden von Kartoffeln, Gemüsen und anderen Lebensmitteln, sowie ein kleines Gemüsemesser zum Putzen und Zuschneiden von Gemüsen, Pilzen und Salaten.

Des Weiteren empfehle ich jedem früher oder später, in ein Konditormesser zu investieren, um das Schneiden von Tortenböden zu erleichtern. Grundsätzlich gilt: Bei guten Messern sollte man auf keinen Fall sparen. Für die Basisausstattung solltest du mit 100 bis 200 Euro rechnen. Bei guter Pflege sind diese Messer aber eine lebenslange Anschaffung. Ich arbeite seit Jahren mit den Damaszener-Messern des Herstellers Kai (aus der Produktlinie »Shun«). Bei Messern zählt aber ganz klar die persönliche Präferenz, es lohnt sich also, ein paar Modelle von verschiendenen Herstellern zu testen.

NÜTZLICHE KÜCHENHELFER

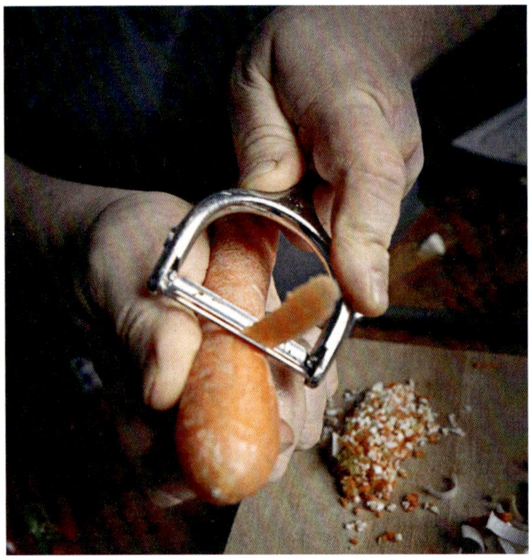

Zur Küchenausstattung sollten außerdem diverse Kleinigkeiten gehören, wie:

Schälmesser oder Gemüseschäler
Zum Schälen von Obst oder Gemüse.

Ein geeignetes Schneidebrett
Um die Messer effektiv zu nutzen, wird außerdem ein gutes Schneidebrett benötigt. Dabei sollte zwischen einem Holz- oder Plastikbrett gewählt werden. Ich tendiere immer eher zu einem guten Holzbrett. Aktuell habe ich zwei Favoriten, mit denen ich besonders gerne arbeite: Zum einen das »Frankfurter Brett« und zum anderen ein Akazienholzbrett von »Springlane«. Generell gilt: Das Brett sollte gut abwaschbar sein.

Eine hochwertige Pfanne
Auch eine gute Pfanne ist in der Küche unersetzlich. Diese sollte möglichst beschichtet sein, damit die Zutaten in der Pfanne nicht anbrennen. Allerdings ist darauf zu achten, dass in einer beschichteten Pfanne ausschließlich Holz- oder Kunststoff-Utensilien (Pfannenwender, Kochlöffel) verwendet werden, da Utensilien aus Metall die Beschichtung beschädigen.

Ein hochwertiger Topf
Der Kauf eines qualitativ hochwertigen Topfs lohnt sich auf lange Sicht. Dieser ist nicht nur robuster als billige Pendants, sondern erhitzt häufig auch schneller.

Ausstecher
Zum Ausstechen von rohen Teigen und gebackenen Massen, von Marzipan oder Früchten.

Palette
Zum Auf- und Glattstreichen von Füllungen sowie zum Absetzen und Anrichten von Gebäckstücken oder Gargut.

Winkelpalette
Zum Wenden von Speisen in der Pfanne oder zum dünnen und gleichmäßigen Aufstreichen eines Teiges auf einem Blech.

PROFIWERKZEUGE FÜR AMBITIONIERTE

Neben der Basisausstattung, die in keiner Küche fehlen sollte, gibt es natürlich noch jede Menge feine Küchenhelfer, die ich persönlich nicht missen möchte. Gerade für anspruchsvollere Gerichte sind die folgenden für mich unverzichtbar:

Isi-Sahne-Siphon
Mit Hilfe eines Isi-Sahne-Siphons gelingen Schäume und Mousses in kürzester Zeit und im Handumdrehen. Durch Zusetzen von Dickstoffmonoxid erhält der Siphon Druck und kann damit zum Beispiel Sahne schlagen.

Bunsenbrenner
Dieses Gerät ist ein echter Klassiker in der Küche und wird lange schon vor allem zum Toasten oder Abbrennen eingesetzt (beispielsweise bei einer Crème Brûlée). In der molekularen Küche läuft der Bunsenbrenner neu zur Hochform auf und wird dort sehr kreativ genutzt.

Kombilöffel
Zum Entnehmen von kleinen hergestellten Portionen, etwa von Kaviarkügelchen aus Lösungen oder der jeweiligen Flüssigkeit, verwendet man in der molekularen Küche diese verschieden großen Löffel mit kleinen Löchern wie Siebe.

Dewar-Gefäße
Ein einfaches Beispiel für ein Dewar-Gefäß ist die gute alte Thermoskanne. Zur Isolierung (zum Beispiel beim Arbeiten mit flüssigem Stickstoff) werden hochwertige doppelwandige Gefäße benötigt.

Spritze
Ein unverzichtbares Hilfsmittel! Für den Anfang ist es aber nicht nötig, teure Spezialspritzen (»Kaviarspritzen«) zu kaufen, es genügen auch normale Einmalspritzen und Kanülen aus der Apotheke.

Squeezeflaschen
Zum genauen Dosieren von Gelen oder Cremes. Ich bewahre darin auch gerne Dressings oder Soßen auf.

Flüssiger Stickstoff (N_2)
Zum Schockfrosten, zur Herstellung von Sorbets oder auch für optische Effekte verwenden Profiköche gerne flüssigen Stickstoff. Stickstoff ist aber weder günstig noch völlig ungefährlich. Man sollte sich also erst entsprechende Kenntnisse aneignen, bevor man damit zu Hause experimentiert.

Räucherpistole
Rauch sorgt für Geschmack. Mit einer Räucherpistole fügt man Gerichten und Getränken schonenden Kaltrauch zu. Dabei kann man beispielsweise zwischen natürlichen Aromen wie »Apfel Holz« und »Hickory« wählen. Mit Kaltrauch gelingt es nicht nur, Lebensmittel zu verfeinern, sondern auch Cocktails oder leicht schmelzende Speisen wie veganer Käse oder Eis.

MEINE KÜCHENHACKS

KÜCHENTHEORIE FÜR ANFÄNGER

Keine Frage: Beim Kochen kann so einiges schief gehen, meist einfach aus Unwissenheit oder mangelnder Erfahrung. So eine Kochausbildung ist da ganz schön hilfreich, denn hier lernt man wirklich, wie ein Gericht perfekt gelingt. Im Folgenden möchte ich dir einige meiner wichtigsten Küchenhacks mit auf den Weg geben. Diese können selbstverständlich keine Kochausbildung ersetzen, aber sie dürften dir dabei helfen, deine Küchenkreationen zu optimieren.

Zu Beginn erst einmal ein paar allgemeinere Tipps, sozusagen etwas Theorie zum Einstieg.

Gehe Schritt für Schritt vor!
Wenn du gerade erst damit angefangen hast, dich für das Kochen zu interessieren, solltest du nicht gleich den dritten Schritt vor dem ersten machen. Das bedeutet zum Beispiel, dass du anfangs nicht gleich ein aufwändigeres Gericht mit all seinen Komponenten komplett selbst herstellen musst. Planst du zum Beispiel, leckere Käsespätzle mit Röstzwiebeln auf den Tisch zu bringen, könntest du zunächst darauf verzichten, die Spätzle selbst herzustellen und stattdessen fertige Spätzle aus der Packung kaufen. Es reicht für den Anfang, wenn du dich auf die Zubereitung der Röstzwiebeln und das richtige Würzen des Käses konzentrierst. Und vielleicht traust du es dir dann zu, beim nächsten Mal auch die Spätzle selbst zuzubereiten.

Planst du, ein »Vleischgericht« mit Gemüsebeilage und Kartoffelknödeln zu kochen, solltest du dich anfänglich auf die Zubereitung des »Vleisches« fokussieren. Gelingt dir das mehrmals einwandfrei, kannst du dich irgendwann auch an die Herstellung der Kartoffelknödel wagen.

Mutest du dir zu Beginn gleich zu viel zu, ist die Gefahr groß, dass du – wie man in der Küche sagt – »absäufst«. Fokussierst du dich dagegen zunächst nur auf einen Teil des großen Ganzen, gelingt dir die Zubereitung eher und ist zudem um einiges stressfreier. Übung macht schließlich den Meister!

Nimm dir genügend Zeit!
Stressfreier kochst du auch dann, wenn du dir genügend Zeit dafür eingeplant hast. Lädst du Familie oder Freunde zu einem opulenten Festmahl ein, sollten deine Vorbereitungen möglichst schon am Vortag beginnen. So hast du ausreichend Zeit, kleine Fehler auszubessern und gerätst nicht zum Schluss in große Hektik. Es ist deutlich stressfreier, ein vorbereitetes Gericht später noch einmal zu erwärmen, als deine Gäste auf ihr Essen warten zu lassen, weil du nicht rechtzeitig mit dem Kochen fertig wirst.

Koche zur Probe!
Lädst du zum Essen ein, solltest du das geplante Gericht vorher schon einmal zur Probe gekocht haben. Kochst du das Gericht dann erneut, kannst du auf die bereits gesammelten Erfahrungen zurückgreifen und im besten Falle sogar schon einige Verbesserungen in der Zubereitung vornehmen. Außerdem gehst du bei der Zubereitung sicherer vor und musst nicht jeden Schritt im Rezept nachlesen. Zudem kannst du die benötigte Zeit im Vorfeld besser einschätzen und gerätst somit weniger unter Zeitdruck.

Bereite die Zutaten VOR dem Kochen vor!
Eine weitere Erleichterung beim Kochen stellt die Vorbereitung der Zutaten dar. So kannst du, bevor du mit dem Kochen beginnst, die Zutaten bereits waschen, schälen oder schneiden sowie alle benötigten Werkzeuge und Gewürze bereitstellen. Das bringt dir vor allem dann einen Vorteil, wenn die Zutaten in der Pfanne brutzeln und du schnell zu bestimmten Gewürzen greifen musst. Diese erst im Schrank zu suchen, kann hier ein zusätzlicher Stressfaktor sein.

Koche nach Rezept!
Für viele Kochanfänger empfiehlt es sich, zu Beginn stur nach Rezept zu kochen. So sollte weniger schief gehen und das Ergebnis besser sein als wenn relativ planlos ein paar Zutaten zusammengewürfelt werden. Nach und nach entwickelst du auf diese Weise ein Gefühl dafür, welche Zutaten gut zusammenpassen und wie man bestimmte Lebensmittel zubereitet. Erst dann solltest du deiner Kreativität freien Lauf lassen und eigene Rezepte kreieren. Wirf allerdings auch nicht sofort das Handtuch, wenn das erste eigene Rezept nicht gleich gelingt. Du kannst es schließlich immer wieder verbessern, bis du komplett von deinem Gericht überzeugt bist. Auch dies ist ein hilfreicher Lernprozess.

Belege einen Kochkurs!
Sollte es dir schwerfallen, in der Küche loszulegen, könnte der Besuch eines Kochkurs für einen guten Einstieg sorgen und die Lust aufs Kochen wecken – egal ob du hier Anregungen für die Zubereitung bestimmter Gerichte bekommst oder den einen oder anderen Kniff bei der Zubereitung lernst. Alternativ motiviert es mich, zusammen mit Freunden zu kochen, die vielleicht auch an ihren Kochkünsten arbeiten möchten oder sich einfach sehr für das Kochen interessieren. So kann man sich gegenseitig inspirieren und lernt etwas dabei.

Leg dir die richtige Ausstattung zu!
Zum Kochen gehört viel mehr als ein paar leckere Rezepte, eine gewisse Routine und ein bisschen Erfahrung. Du benötigst außerdem das geeignete Equipment, damit das Ergebnis stimmt. Obwohl du in der Regel bereits mit einem Topf, einer Pfanne und einem Kochlöffel ein leckeres Gericht zubereiten kannst, empfehle ich, in weitere gute Utensilien zu investieren. An welche Küchengeräte ich hier denke, hast du ja bereits im vorhergehenden Kapitel zu meinen Werkzeugempfehlungen erfahren.

Hoffe nicht auf Perfektion!
Mit hoher Wahrscheinlichkeit unterlaufen dir gerade beim Einstieg in die Welt des Kochens so einige Fehler und nicht jedes Gericht wird gleich perfekt gelingen. Gehst du von vornherein entspannter an die Sache heran, wirst du während des Kochens gelassener und freust dich hinterher umso mehr, wenn sich die Ergebnisse sehen lassen. Glaub mir: Du wirst nach und nach Fortschritte machen. Kochst du ein bestimmtes Gericht regelmäßig, wirst du merken, dass es dir immer leichter von der Hand geht. Vielleicht wirst du am Ende ja sogar ein echter Meister deines Lieblingsgerichts.

Lerne deine Küche kennen!
Bevor du den Kochlöffel schwingst, solltest du dich intensiv mit deinen Küchengeräten beschäftigen. Zum Beispiel solltest du wissen, wie lange dein Equipment zum Vorheizen benötigt. Dazu zählt beispielsweise die Zeit, die der Backofen zum Aufheizen benötigt oder ein Topf zum Kochen von Salzwasser braucht. So kannst du dich effektiver organisieren und besser planen, wie du bei der Zubereitung der Gerichte vorgehst.

KÜCHENPRAXIS FÜR »KÜCHENNERDS«

Es gibt einige typische Fehler, die in der Küche immer wieder gemacht werden. Profiköchen passieren diese Fehler in der Regel nicht, doch ambitionierte Hobbyköche haben ja in der Regel keine Kochausbildung genossen. Daher möchte ich dir auf den folgenden Seiten einige praktische Tipps mit auf den Weg geben. Damit wird dein Gericht nicht nur gut, sondern vielleicht sogar perfekt.

Pilze bloß nicht waschen!
Eine einfache Regel: Pilze sollte man nicht waschen. Sie saugen sich dann nämlich mit Wasser voll und werden matschig und schwammig. Am besten säubert man sie mit einem Pinsel, einer kleinen Bürste oder einem Messer.

Packe dir ein Säckchen!
Gewürze, die man nach dem Garen wieder aussortieren möchte, wie zum Beispiel Lorbeer, Piment, Nelken und ähnliches kann man zum Garen in einen Teebeutel geben. So sind sie anschließend einfacher wieder zu entnehmen.

Braune Stellen ade!
Die chemische Reaktion von Obst mit der Luft nennt sich Oxidation und verursacht unerwünschte Verfärbungen. Ein einfacher Trick gegen diese unbedenklichen, jedoch unschönen braunen Stellen ist Zitronensaft, alternativ Limetten- oder Ananassaft. Einfach ein paar Spritzer auf die Schnittstellen geben und schon bleiben die Apfelschnitze knackig, frisch und hübsch.

Kräuter einfrieren
Zunächst die Kräuter nach Wahl gründlich waschen, trocknen und klein hacken. Verteile dann die Kräuter in einem Eiswürfelbehälter und füge noch etwas Olivenöl hinzu – das verringert die Gefahr von Gefrierbrand und braunen Stellen. So eingefroren bleiben die Aromen der Kräuter erhalten. Zum Einfrieren eignen sich vorrangig robuste Kräuter wie Rosmarin, Salbei, Thymian, Oregano, Schnittlauch und Petersilie.

Nur keine fette Suppe!
Wenn zu viel Fett auf der Suppe oder Soße schwimmt, stellt man sie im Kühlschrank kalt – dadurch wird das Fett an der Oberfläche fest. Man kann es dann mit einem Löffel oder einer Schaumkelle einfach abkratzen.

Tränenfrei Zwiebeln schneiden
Beim Schneiden von Zwiebeln setzen die aufgebrochenen Zwiebelzellen Gase frei, die in der Natur vor Fressfeinden schützen sollen und uns die Tränen in die Augen treiben. Es kann helfen, die Zwiebel vor dem Schneiden für etwa 30 Minuten ins Gefrierfach zu legen. Die Kälte verringert die Produktion von Reizstoffen. Ein weiterer Trick ist die richtige Körperhaltung beim Schneiden. Um den senkrecht nach oben steigenden, schwefelhaltigen Gasen nicht direkt ausgesetzt zu sein, kann es helfen, sich nicht direkt über das Schneidebrett zu beugen.

Obst richtig waschen
Bei der Entfernung von Pestizidrückständen auf Obst und Gemüse hilft Natron gut. Dazu 1 Teelöffel Natron mit 200 ml Leitungswasser verrühren, bis sich das Natron vollständig aufgelöst hat. Nun das Obst oder Gemüse für mindestens 15 Minuten in der Lösung einwirken lassen, anschließend abspülen. Empfindlicheres Obst wie Himbeeren, Blaubeeren oder Heidelbeeren kannst du für ein paar Minuten in eine große Schüssel mit einem Teelöffel Apfelessig geben und im Anschluss mit klarem Wasser abspülen. Dazu die Beeren in ein Sieb geben und in eine mit Wasser gefüllte Schüssel tauchen. Zum Trocknen auf ein Küchentuch legen und gegebenenfalls vorsichtig trocken tupfen.

Angebrannte Töpfe sauber bekommen
Wenn beim Kochen doch einmal etwas anbrennt, hilft es, den Topf oder die Pfanne mit einem Liter Wasser zu füllen, einen Esslöffel Natron darin auflösen und das Ganze aufkochen zu lassen. So lösen sich selbst hartnäckige Speisereste.

Farbe von Obst und Gemüse erhalten
Damit Fruchtmuse bei der Herstellung nicht oxidieren und braun werden, hilft es, etwas Natron hinzuzugeben: So bleibt die ursprüngliche Farbe erhalten. Auch das Ausbleichen von Gemüse beim Kochen lässt sich durch Natron verhindern. Ein Teelöffel im Kochwasser aufgelöst, bewahrt leuchtende Farben.

Nudeln bloß nicht abschrecken!
Für viele ist es selbstverständlich, die fertig gekochten Nudeln nach dem Abgießen in einem Sieb mit kaltem Wasser abzuschrecken, um ein Zusammenkleben zu vermeiden. Gleichermaßen weit verbreitet ist es, dem Kochwasser einen Schuss Öl hinzuzufügen. Die leckere Hülle aus Hartweizen-Stärke, die sich während des Kochens um die Nudeln bildet, wird beim Abschrecken jedoch abgespült. Das Zugeben von Öl zum Nudelwasser verhindert, dass diese Hülle überhaupt erst entstehen kann. In Italien wird die fertige Pasta daher direkt nach dem Abgießen mit der zubereiteten Soße vermengt. Das verhindert unerwünschtes Verkleben und erhält gleichzeitig den Geschmack.

Richtig salzen
Salz kann entweder bereits beim Kochvorgang selbst oder später zum Nachwürzen verwendet werden. Bei der Zubereitung von Fonds, Suppen und Soßen empfiehlt es sich allerdings, erst gegen Ende zu salzen, da durch das Reduzieren von Flüssigkeiten Speisen schnell versalzen. Nudel- und Kartoffelwasser liebt Salz. Auch das Kochwasser für Gemüse kann man getrost ordentlich salzen. Bei Reis oder anderen zu kochenden Getreiden sollte man hingegen sparsamer dosieren.

Energietechnisch gesehen ist es egal, wann wir das Wasser salzen. Ungesalzenes Wasser siedet bei 100 Grad, Salzwasser bei gerade einmal zwei Grad mehr. Doch auch wenn es keinen nennenswerten Einfluss auf den Siedepunkt des Wassers hat, gebe ich das Salz erst ins Wasser, wenn es kocht. Das spart zwar keine Zeit, verhindert jedoch unschöne Salzflecken an den Topfböden.

Versalzen – und jetzt?
Ich empfehle, während des Kochens regelmäßig und vorsichtig abzuschmecken. Im Notfall können jedoch folgende Tipps helfen:

- **Gemüse & Co:** Falls möglich, füge deinem Essen einfach nachträglich mehr Inhalt (also von den Zutaten) hinzu, so dass sich das überschüssige Salz besser verteilt.
- **Soßen und Suppen:** Hier kann das Hinzufügen von mehr Flüssigkeit in Form von Wasser oder auch Fett helfen. Als Faustregel gilt: Je höher der Fettgehalt, desto eher verschwindet der Salzgeschmack. Ist das Salatdressing zu salzig, kann man mit Agavendicksaft Abhilfe schaffen.
- **In Salzwasser gekocht:** Sind Reis oder Kartoffeln zu salzig geraten, kann es helfen, sie mit viel frischem Wasser durch ein Sieb auszuwaschen.
- **Kartoffeln, Brot oder Möhren:** Die einen schwören auf rohe Kartoffelstücke, die anderen auf Möhren oder Brot. Das Prinzip ist stets gleich: Einfach große Gemüsestücke mit in die Suppe oder den Eintopf geben. Sie dienen als Salzbinder und ziehen so überschüssiges Salz heraus, wenn man sie eine Weile mitkochen lässt. Du solltest natürlich dran denken, diese Stücke vor dem Servieren wieder zu entfernen.
- **Backpflaumen:** Backpflaumen neutralisieren das Salz relativ gut. Ein bis drei Pflaumen für 15 Minuten mitkochen und anschließend wieder herausnehmen hilft in der Regel.

DIE WICHTIGSTEN ZUTATEN FÜR EIGENTLICH FAST JEDES REZEPT

Selbstverständlich benötigen unterschiedliche Gerichte auch verschiedene Zutaten. Für fast alle Gerichte benötigt man jedoch dieselben Grundzutaten. Diese stellen die Grundlage beim Kochen dar und sorgen dafür, dass andere Zutaten richtig zubereitet werden.

- **Ein hochwertiges Fett:** Für das Braten in der Pfanne benötigt man ein hochwertiges Fett. Achte beim Kauf des Öls darauf, dass es hitzestabil ist. Ansonsten können wertvolle Inhaltsstoffe beim Braten verloren gehen oder sich schlimmstenfalls in gesundheitsschädliche Stoffe umwandeln. Ich empfehle zum Anbraten daher Sesamöl, Sonnenblumenöl oder Kokosöl. Für ein gutes Salatdressing verwende ich Olivenöl oder Kürbiskernöl. Letzteres sollte jedoch keinesfalls zum Braten verwendet werden.
- **Salz:** Ganz klar, Salz gehört in jede Küche. Egal ob du Nudeln kochst, Gemüse garst oder etwas anbrätst: Salz agiert als Geschmacksträger und passt zu jeder Speise.
- **Pfeffer:** Neben Salz ist auch Pfeffer ein wichtiges Gewürz beim Kochen, welches Speisen die gewisse Schärfe verpasst. Pfeffer passt grundsätzlich zu vielerlei herzhaften Gerichten.
- **Kräuter und Gewürze** verleihen Speisen die besondere Note. Selbst ein langweiliges Möhrchen kann so zu einem wahren Geschmackserlebnis werden. Auch Kartoffeln und Reis werden durch die Zugabe von Kräutern und Gewürzen besonders lecker.
- **Mehl** wird vielfältig in der Küche benutzt. So braucht man es nicht nur zum Backen von Süßspeisen, Brot und sonstigen Teigwaren, sondern auch zum Verdicken von Soßen. Im Vorratsschrank sollten daher als Grundausstattung ein Weizenmehl der Type 405, oder Dinkelmehl der Typen 630 und 1050 niemals fehlen.
- **Nudeln, Reis und Kartoffeln:** Sattmacher wie Nudeln, Reis und Kartoffeln bilden die Grundlage zahlreicher Speisen und sollten darum immer vorrätig sein.

LEBENSMITTEL RICHTIG LAGERN

WARUM VERDERBEN LEBENSMITTEL?

Als Koch werde ich oft um Tipps und Tricks rund um das Kochen gebeten. Am häufigsten jedoch geht es um die Lagerung bestimmter Lebensmittel. Kein Wunder, denn durch die richtige Lagerung bleiben Lebensmittel lange frisch und gut genießbar. Doch welche Art der Lagerung optimal ist, unterscheidet sich von Lebensmittel zu Lebensmittel, weshalb man hier keine pauschale Aussage treffen kann. Es lohnt sich also, hier einmal etwas genauer hinzuschauen.

Ein Lebensmittel verdirbt in erster Linie durch physikalische, chemische, biochemische oder mikrobielle Veränderungen. Außerdem kann es zum Schädlingsbefall kommen. Den Verderb durch Bakterien, Schimmelpilze und Hefen führt man meist auf mikrobielle Veränderungen zurück. Durch diese faulen, gären oder verschimmeln Lebensmittel und lassen schlimmstenfalls gesundheitsgefährdende Stoffe entstehen. Bei der Ausbreitung von Mikroorganismen spielen Temperatur, pH-Wert, Wasseraktivität und der Sauerstoffgehalt eine wichtige Rolle.

Wenn beispielsweise ein Brötchen trocken wird, hat das eine physikalische Ursache: Wärme, Kälte oder Feuchtigkeit wirken sich stets auf die Haltbarkeit eines Lebensmittels aus. Durch die verschiedenen Enzyme im Lebensmittel werden biochemische Veränderungen ausgelöst, wie beispielsweise der Abbau von Vitaminen, Farb- und Aromastoffen. Wenn Fett ranzig wird, handelt es sich dabei ebenfalls um einen chemischen Prozess, ausgelöst durch Reaktionen der Lebensmittelinhaltsstoffe. Äußere Faktoren wie Licht und Luft verstärken den Effekt.

Wusstest du, dass jeder Deutsche im Durchschnitt rund 85 kg Lebensmittel pro Jahr in den Müll wirft? Das sind insgesamt rund sieben Millionen Tonnen pro Jahr in Deutschland! Eine unglaubliche Zahl, oder? Auch ich sortierte früher zu schnell das aus, was meinen optischen Ansprüchen nicht mehr genügte, wie beispielsweise schrumpeliges oder welkes Obst und Gemüse. Einer der wichtigsten Gründe, warum Lebensmittel zu schnell weggeworfen werden, ist ganz sicher die falsche Lagerung.

LEBENSMITTEL IM KÜHLSCHRANK LAGERN

Auf einen Kühlschrank kann und möchte wohl niemand verzichten. Kein Wunder, denn bei 4 bis 8 °C Umgebungstemperatur bleiben schnell verderbliche Lebensmittel darin deutlich länger frisch als bei Zimmertemperatur. Durch die kühle Lagerung wird das Verderben und der Zellstoffwechsel der Produkte verlangsamt, die Mikroorganismen wachsen langsamer und chemische sowie enzymatische Prozesse werden verzögert. Daher solltest du schnell Verderbliches möglichst frisch einkaufen, ohne die Kühlkette allzu lange zu unterbrechen. Im Hochsommer sind Kühltaschen beim Einkauf empfehlenswert.

Zuhause angekommen einfach alles rein und Klappe zu? Keine gute Idee, gerade wenn es darum geht, den Kühlschrank richtig einzuräumen. Grundsätzlich gilt: Oben ist die Luft wärmer als unten. Deshalb lässt sich der Kühlschrank in verschiedene Zonen mit unterschiedlicher Temperatur einteilen:

Oberes Fach
Hier ist es relativ »warm«. Die Temperatur liegt in der Regel zwischen 8 und 10 °C. Margarine oder Marmelade zum Beispiel fühlen sich hier wohl. Lebensmittelreste zum baldigen Verzehr gehören ebenfalls nach oben. Auch Käse- und Fleischersatz kann dort gelagert werden, da die Aromastoffe so besser konserviert werden.

Mittleres Fach
Auf dem mittleren Boden sind Milchersatzprodukte wie Joghurt, Milch, Quark oder Sahne bei circa 5 °C gut aufgehoben. Dieser Bereich ist auch perfekt für Streichkäse.

Unteres Fach
Der untere Bereich über dem Gemüsefach hat üblicherweise eine Temperatur von nicht mehr als 2 bis 3 °C. Hier lagert man am besten leicht verderbliche Lebensmittel, wie beispielsweise veganes Hack oder Burger»fleisch« mit großer Oberfläche.

Gemüsefach
Wie der Name sagt, bewahrt man hier vor allem Obst und Gemüse auf. Da das Gemüsefach durch den darüber liegenden Boden geschützter ist, herrschen hier um die 9 °C – die ideale Lagertemperatur für Gemüse, Salat und zahlreiche Obstsorten.

Kühlschranktür
Die Innenseite der Tür gehört zu den wärmsten Zonen im Kühlschrank. Hier beträgt die Temperatur zwischen 8 und 10 Grad. Aufbewahrt werden hier am besten fertige Soßen und Getränke.

AUFBEWAHRUNG IM GEFRIERSCHRANK

Für eine besonders lange Lagerung von Lebensmitteln ist die Gefriertruhe, der Gefrierschrank oder ein Gefrierfach im Kühlschrank perfekt geeignet. Die Temperatur und die Wasseraktivität sind so niedrig, dass sich Mikroorganismen nicht mehr oder kaum noch vermehren, wenngleich biochemische Veränderungen oder enzymatische Abbauprozesse dennoch stattfinden, wenn auch stark verlangsamt.

Vor dem Einfrieren sollte Obst und Gemüse geputzt, gewaschen und gegebenenfalls blanchiert werden. Es ist ratsam, die Lebensmittel möglichst luftdicht in nicht allzu großen Portionen einzufrieren. Um den Überblick zu behalten, beschrifte ich die Dosen mit Angaben zu Inhalt und Datum des Einfrierens. Obst und Gemüse hält sich so 11 bis 15 Monate.

LAGERUNG IM VORRATSSCHRANK

Nudeln, Reis, Konserven und Co. gehören ungekocht selbstverständlich nicht in den Kühlschrank. Hier genügt die Aufbewahrung bei ungefähr 15 bis 20 °C in der Vorratskammer. Wenn du keine hast, tut es natürlich auch ein normaler Vorratsschrank. Achte unbedingt darauf, dass dieser weder direkt dem Sonnenlicht ausgesetzt ist, noch unmittelbar über oder neben dem Herd platziert ist: Hohe Temperaturen und feuchte Luft, die beim Kochen entstehen, sind nämlich nicht optimal.

Beim Einräumen der Vorratskammer oder des -schranks gilt übrigens das FIFO-Prinzip: FIRST IN – FIRST OUT. Das bedeutet: Neue Vorräte nach hinten und schon länger gelagerte Lebensmittel zuerst aufbrauchen. Angebrochene Verpackungen solltest du stets gut verschließen oder gleich in Behältnisse mit Deckel umfüllen. Selbst Eingemachtes solltest du genauso wie beim Einfrieren mit Datum und Inhalt beschriften, um den Überblick zu behalten.

BROT RICHTIG AUFBEWAHREN

So bleibt Brot länger frisch
Wie du Brot am besten lagerst, hängt zunächst davon ab, wie es gekauft wird. Unverpacktes frisches Brot vom Bäcker zum Beispiel hält sich im Brotkasten aus Holz oder auch in einem Brottopf aus Keramik bei 12 bis 18 Grad Raumtemperatur am längsten. Diese Behältnisse sind gut belüftet, nehmen Feuchtigkeit auf und können selbige bei Bedarf an das Brot zurückgeben. Wichtig ist, dass sie einmal in der Woche mit ein wenig Essigwasser gereinigt werden.

Brot aus dem Supermarkt wird meistens in einer Plastikverpackung verkauft. In dieser kann man es dann auch problemlos ein paar Tage aufbewahren.

Werden unterschiedliche Brotsorten unterschiedlich schnell trocken?
Ja, das stimmt tatsächlich. Am schnellsten trocknet Brot aus, das komplett oder zum Großteil aus Weizen besteht. Roggen-, Vollkorn- und Sauerteigbrote hingegen trocknen deutlich langsamer aus. Ein optimal gelagertes Vollkornbrot kann so bis zu neun Tage frisch bleiben.

Brot nicht im Kühlschrank lagern!
Brot gehört nicht in den Kühlschrank. Die trockene Luft darin macht es sehr schnell altbacken. Einzige Ausnahme: Wenn es im Sommer sehr heiß und feucht wird, darf es auch mal in den Kühlschrank, denn so beugt man Schimmel vor.

Kann man Brot mit Schimmelstellen noch essen?
Nein, bitte Finger weg! Brot ist auch dann nicht mehr zum Verzehr geeignet, wenn es nur kleine Schimmelstellen aufweist, denn der Schimmel kann sich trotzdem schon im ganzen Laib ausgebreitet haben, ohne dass dies von außen ersichtlich ist.

Brot einfrieren
Brot kann problemlos als ganzer Laib oder in Scheiben eingefroren werden. Das Auftauen erfolgt am besten bei Zimmertemperatur.

Was tun mit trockenem Brot?
Mein Tipp: Paniermehl oder Croûtons für einen Salat daraus machen! Sind noch Brötchen vom Vortag übrig, bestreicht man diese einfach mit wenig Wasser und backt sie im Ofen wieder auf.

OBST RICHTIG LAGERN

Obst richtig zu lagern ist fast schon eine Wissenschaft für sich. Doch das Grundprinzip ist letztlich gar nicht so kompliziert, wie du gleich sehen wirst.

Nur frische Produkte gehören in den Einkaufskorb!
Kaufe nur Obst ein, das wirklich frisch ist. Erkennen kannst du das unter anderem daran, dass es keinerlei Druckstellen aufweist, die Schale nicht beschädigt ist und Schnittstellen beziehungsweise Stiele nicht braun oder trocken sind.

Wenn das Obst direkt verzehrt wird, spricht natürlich gerade aus nachhaltiger Sicht nichts dagegen, auch solches mit Druckstellen oder leichten Schäden zu kaufen. Diese schneidest du einfach vor dem Verzehr weg. So sorgst du nebenbei dafür, dass nicht so viele Lebensmittel verschwendet werden. Lagerfähig ist dieses Obst jedoch nicht, da es schnell anfängt zu schimmeln und zu verderben.

Glanz weist nicht zwingend auf Frische hin
Glänzt Obst sehr stark, ist das selten ein Zeichen für Frische. Während nämlich glänzend-pralle Kirschen reif und frisch sind, ist bei Äpfeln, Trauben oder Zwetschgen das Gegenteil der Fall: Schimmern diese matt, sind sie noch von ihrer natürlichen Schutzschicht umhüllt. Werden sie falsch gelagert (zum Beispiel zu kalt), verschwindet diese.

Auch bei Zitrusfrüchten weist Glanz nicht auf Frische hin. Die Schale wird häufig gewachst und mit Fungiziden behandelt, um sie länger haltbar zu machen. Wenn du das umgehen willst, greife lieber auf Bio-Produkte zurück.

Nachreifende vs. nicht nachreifende Sorten
Wichtig ist es zunächst, beim Lagern von Obst zwischen solchen Sorten, die nachreifen, und solchen, die nicht mehr nachreifen, zu unterscheiden. So kannst du vermeiden, unnötigerweise darauf zu warten, dass bestimmte Obstsorten zu Hause reif und schmackhaftwerden und weißt, welche getrost noch ein paar Tage in der Obstschüssel liegen und reifen dürfen.

Ethylen-abgebende vs. Ethylen-empfindliche Obstsorten
Neben der Differenzierung zwischen nachreifenden Obstsorten und solchen, die es nicht mehr tun, ist bei der Lagerung von Obst zwischen Ethylen-abgebenden und Ethylen-empfindlichen Sorten zu unterscheiden. Ethylen ist ein natürliches, farb- und geruchloses Gas, das für Obst ein Wachstumsregulator ist und somit den Reifeprozess beeinflusst. Genau das kannst du dir auch zunutze machen:

Unreife, nachreifende Früchte wie eine grüne Banane können in ihrem Reifeprozess beschleunigt werden, indem man eine Ethylen-abgebende Sorte wie etwa einen Apfel daneben in die Obstschale legt. Wer allerdings nicht will, dass nachreifende Sorten wie eine Mango noch reifer werden, sollte sie getrennt von Ethylen-abgebenden Obstsorten lagern.

Nicht-nachreifend	Nachreifend	Ethylen-empfindlich
Ananas	Äpfel	Kiwis
Brombeeren	Aprikosen	Mangos
Erdbeeren	Avocados	Bananen
Granatäpfel	Bananen	Birnen
Himbeeren	Birnen	Wassermelonen
Kirschen	Feigen	Zitrusfrüchte
Kokosnuss	Kiwis	
Litchi	Mangos	
Weintrauben	Honigmelonen	
Wassermelonen	Nektarinen	
Zitrusfrüchte	Papayas	
	Passionsfrüchte (Maracujas)	
	Pfirsiche	
	Pflaumen	

Welches Obst darf in den Kühlschrank?

Alle Obstsorten, die aus warmen Regionen kommen und Kälte somit nicht gewohnt sind, gehören nicht in den Kühlschrank. Dazu gehören Südfrüchte wie Mangos, Bananen oder Ananas sowie alle Zitrusfrüchte. Hitzeempfindliches Obst wie beispielsweise Beeren sind idealerweise im Kühlschrank zu lagern – dann aber unbedingt unten in den Fächern oder in einem speziellen Obst- und Gemüsefach. Dort ist es nämlich keinen großen Temperaturschwankungen ausgesetzt und bleibt lange frisch.

Tipp: Obst am besten eine halbe Stunde vor Verzehr aus dem Kühlschrank nehmen, denn so kann es sein Aroma besser entfalten.

BASICS

SOSSEN

VEGANE BRATENSOSSE (JUS)

ZUTATEN FÜR CA. 2 LITER

6 Zwiebeln
4 Karotten
8 Scheiben Knollensellerie ohne Rinde
4 EL neutrales Pflanzenöl
6 TL Tomatenmark
6 Knoblauchzehen
2 Lauchstangen (nur den hellgrünen Teil)
6 EL dunkle Sojasoße
6 EL dunkler Balsamico-Essig
2 Schuss Rotwein (ca. 100 ml für den Geschmack, kann durch Brühe ersetzt werden)
Ca. 2 l Gemüsebrühe
5 Lorbeerblätter
8 Zweige frischer Thymian
Salz
Schwarzer Pfeffer, frisch
Ca. 2 EL Maisstärke

Das Gemüse schälen, würfeln und in einem großen Topf mit etwas Pflanzenöl anrösten.

Tomatenmark hinzugeben und zusammen mit dem Gemüse kräftig anrösten. Die Masse immer wieder mit einem Pfannenwender vom Boden des Topfes lösen. Knoblauch und Lauch dazugeben und kurz mitrösten.

Mit Sojasoße, Balsamico-Essig und Rotwein ablöschen und alles für ca. 5–8 Minuten köcheln lassen. Dabei weiterhin mit dem Pfannenwender das angeröstete Gemüse vom Boden lösen.

Mit Gemüsebrühe aufgießen und ca. 45–50 Minuten auf kleiner Hitze köcheln lassen.

Lorbeer und Thymian hinzufügen. Die Soße mit Salz und Pfeffer abschmecken, anschließend durch ein feines Sieb passieren und die Flüssigkeit in einem Topf auffangen. Die Soße abschließend noch einmal zum Kochen bringen und mit Maisstärke abbinden.

»SPECK«-SOSSE

ZUTATEN FÜR CA. 2 LITER

15 kleine Zwiebeln
400 g Räuchertofu
2 EL neutrales Pflanzenöl
250 ml Rotwein
4 EL Reissirup
2 Zweige Thymian
1 Zweig Rosmarin
2 l Bratensoße (Rezept S. 46)
Salz
Schwarzer Pfeffer, frisch

Zwiebeln abziehen, in feine Streifen schneiden und in einem Topf mit etwas Öl goldgelb anbraten.

Räuchertofu in kleine Würfel schneiden, zu den Zwiebeln geben und knusprig anbraten. Danach mit Rotwein ablöschen.

Reissirup, Thymian und Rosmarin dazugeben und den Rotwein bei mittlerer Hitze reduzieren, bis eine sirupartige Konsistenz erreicht ist.

Mit der Bratensoße aufgießen und nochmals aufkochen lassen.

Zum Abschluss mit Salz und Pfeffer abschmecken.

VEGANE SAUCE TARTAR

ZUTATEN

200 ml vegane Mayonnaise
3 EL Kapern
3 EL Essiggurken
3 EL Kichererbsen
1 kleine Schalotte
1 TL Zitronensaft
3 EL gehackte frische Petersilie
Meersalzflocken
Schwarzer Pfeffer, frisch

Schalotten abziehen, Kapern, Essiggurken, Kichererbsen und Schalotten in feine Würfel schneiden.

Alle Zutaten in einer Schüssel miteinander vermischen und mit Meersalzflocken sowie Pfeffer abschmecken.

REMOULADENSOSSE

ZUTATEN

1 kleine Schalotte
3 EL Kapern
3 EL Essiggurken
1 TL Zitronensaft
3 EL gehackte frische Petersilie
200 ml vegane Mayonnaise
Salz
Schwarzer Pfeffer, frisch

Schalotte abziehen, mit Kapern und Essiggurken in feine Würfel schneiden.

Alle Zutaten miteinander vermischen und nach Bedarf abschmecken.

CREMIGE APFELSOSSE

ZUTATEN

1 Zwiebel
1 Apfel
1 EL Zitronensaft
100 g veganer Schmand
100 g vegane Mayonnaise
1 ELWeißweinessig
1 TL Reissirup
1 Bund Dill
Salz
Schwarzer Pfeffer, frisch

Zwiebel abziehen und fein würfeln. Apfel waschen, Kerngehäuse entfernen und ebenfalls klein würfeln.

Alle Zutaten miteinander vermischen und abschmecken.

SAUERBRATENSOSSE

ZUTATEN FÜR 2 CA. LITER

2 kleine Zwiebeln
2 EL neutrales Pflanzenöl
250 ml Rotwein
4 EL Reissirup
4 EL milder Balsamico-Essig
2 TL Apfelessig
2 Zweige Thymian
1 Zweig Rosmarin
2 l Bratensoße (Rezept S. 46)

Zwiebeln abziehen, in feine Würfel schneiden und in einem Topf mit Öl goldgelb anbraten. Anschließend mit Rotwein ablöschen.

Reissirup, Balsamico Essig, Apfelessig, Thymian und Rosmarin dazugeben und die Flüssigkeit bei mittlerer Hitze reduzieren, bis eine sirupartige Konsistenz erreicht ist.

Mit der Bratensoße aufgießen und noch einmal aufkochen lassen.

Bei Bedarf mit Salz und Pfeffer abschmecken.

Vor dem Servieren die Soße nochmal durch ein feines Sieb streichen.

VEGANE MAYONNAISE

ZUTATEN

240 ml Sojadrink ungesüßt
1 TL Apfelessig
1 EL Zitronensaft
1 TL Reissirup
1 EL Senf
1 Prise Salz
240 ml Traubenkernöl

Alle Zutaten außer dem Öl in einem Mixer oder mit einem Pürierstab cremig pürieren. Durch die Säure aus der Zitrone und dem Essig werden die Moleküle des Sojalecithins freigesetzt, das die Masse bindet.

Das Öl nun langsam dazugeben, während der Mixer oder Pürierstab auf niedriger Stufe weiter läuft.

Sollte die Konsistenz noch zu dick sein, etwas mehr Sojadrink hinzufügen.

ZWIEBELSOSSE

ZUTATEN FÜR CA. 2 LITER

15 kleine Zwiebeln
2 EL neutrales Pflanzenöl
250 ml Rotwein
4 EL Reissirup
2 Zweige Thymian
1 Zweig Rosmarin
2 l Bratensoße (Rezept S. 46)
Salz
Pfeffer aus der Mühle

Zwiebeln abziehen und in Streifen schneiden, dann in einem Topf mit Öl goldgelb anbraten, anschließend mit Rotwein ablöschen.

Reissirup, Thymian und Rosmarin dazugeben und den Rotwein bei mittlerer Hitze reduzieren, bis eine sirupartige Konsistenz erreicht ist.

Mit der Bratensoße aufgießen und nochmals aufkochen lassen.

Zum Schluss nochmals mit Salz und Pfeffer würzen.

TOMATENSOSSE

ZUTATEN

1 kg Roma-Tomaten
1 Zwiebel
2 grüne Paprikaschoten
1 EL Olivenöl
2 Knoblauchzehen
2 EL Rotweinessig
1 TL Zucker
Salz
Schwarzer Pfeffer, frisch

Tomaten in feine Stücken schneiden, Zwiebel abziehen und fein hacken, Paprikaschoten waschen, vom Gehäuse befreien und ebenfalls würfeln.

Öl in einem Topf erhitzen, Zwiebeln und Paprika hinzugeben. Bei mittlerer Hitze weichkochen.

Knoblauch schälen und klein schneiden, ebenfalls hinzugeben und weitere vier Minuten kochen, bis das gesamte Gemüse gar ist.

Tomatenstückchen, Rotweinessig und Zucker hinzugeben und mit Salz und Pfeffer würzen. Unter gelegentlichem Rühren auf geringer Hitze und ohne Deckel köcheln lassen, bis die Soße zu einer Konsistenz ähnlich der von Marmelade eingedickt ist.

Tipp: Am besten bereitest du gleich eine größere Menge dieser Soße zu und frierst einige Portionen in Beuteln ein. So hast du immer einen köstlichen Soßenvorrat für alle Fälle.

CHILI-CHEESE-MAYO

ZUTATEN

60 ml Gemüsebrühe
100 g veganer Käse
15 ml weißer Balsamico-Essig
3 EL Sweet Chili-Soße
30 g Mandel-Frischkäse
40 g vegane Mayonnaise
Salz
Schwarzer Pfeffer, frisch
5 g Paprikapulver, scharf
1 TL Chiliflocken

Alle Zutaten in einem Hochleistungsmixer pürieren, bis die Soße sehr cremig und sämig ist.

VELOUTÉ / WEISSE GRUNDSOSSE

ZUTATEN

1 EL Margarine
1 EL Dinkelmehl Type 630
240 ml helle Gemüsebrühe (Rezept S. 61)

Für die Mehlschwitze die Margarine bei niedriger Hitze in einem Topf zerlassen. Dabei sollte die Margarine nicht kochen.

Von der Kochstelle nehmen und das Mehl unter Rühren hinzugeben. So lange rühren, bis keine Klümpchen mehr vorhanden sind.

Nach und nach die Gemüsebrühe hineinrühren, bis eine sämige Konsistenz entstanden ist.

Den Topf wieder auf die Herdplatte stellen und die Soße unter Rühren aufkochen und eindicken lassen. Sobald die Soße anfängt zu kochen, die Hitze reduzieren und eine weitere Minute köcheln lassen, damit die Stärke im Mehl verkochen kann.

BECHAMÉLSAUCE

ZUTATEN

425 ml ungesüßter Pflanzendrink nach Wahl
1 Lorbeerblatt
10 ganze schwarze Pfefferkörner
1 Scheibe Zwiebel, ca. 5 mm dick
40 g Margarine
20 g helles Mehl
Salz
Schwarzer Pfeffer, frisch

Den Pflanzendrink in einen kleinen Kochtopf geben. Das Lorbeerblatt, die Pfefferkörner und die Zwiebelscheibe hinzufügen. Bei niedriger Temperatur für ungefähr 5 Minuten langsam aufkochen lassen.

Die heiße Flüssigkeit nun durch ein Sieb in ein Gefäß abgießen.

Die Margarine im gleichen Topf vorsichtig bei mittlerer Hitze schmelzen. Sie darf dabei nicht überhitzen oder braun werden, da das den Geschmack der Soße verändern würde.

Sobald die Margarine geschmolzen ist, das Mehl hinzugeben und mit einem Holzlöffel kräftig verrühren, so dass eine glatte, glänzende Masse entsteht.

Den Pflanzendrink nun nach und nach einrühren.

Die Temperatur auf die niedrigste Stufe stellen und die Soße 5 Minuten weiter köcheln lassen. Von Zeit zu Zeit umrühren. Mit Salz und Pfeffer abschmecken.

BASICS

GRUNDREZEPTE

VEGANE SPÄTZLE

ZUTATEN

350 g Dinkelmehl Type 630
100 g Hartweizengrieß
2 TL Kala Namak
2 TL Salz
1 Msp. Kurkuma
4 TL Olivenöl
320 ml ungesüßten Sojadrink
100 ml Wasser

Bei diesem Gericht mache ich keinen Hehl daraus, dass ich mich von einem Rezept meiner Freunde von »Eat this!« (www.eat-this.org) habe inspirieren lassen. Lediglich die Mengen habe ich für mich etwas angepasst.

Die trockenen Zutaten miteinander in einer Schüssel vermischen. Öl, Sojadrink und Wasser hinzugeben und mit einem Holzlöffel kräftig zu einem zähflüssigen Teig schlagen. Meine Oma sagte immer: »Den Teig schlagen, bis er Blasen wirft.«

5 l Wasser zum Kochen bringen. Etwa ¼ vom Teig in eine Spätzlepresse geben und unter gleichmäßigem Drücken in das Wasser geben.

Kurz umrühren und sobald die Spätzle oben schwimmen, mit einer Schaumkelle herausnehmen und gut abtropfen lassen.

Mit dem übrigen Teig den Vorgang wiederholen. Die fertigen Spätzle währenddessen warmhalten und ab und zu wenden, damit sie nicht aneinanderkleben.

PIZZATEIG

ZUTATEN

500 g Mehl Typ 550
  + etwas Mehl zum Bestäuben
10 g Salz
10 g frische Hefe
325 ml warmes Wasser
Semmelbrösel

Mehl und Salz in einer Schüssel vermengen. Hefe im warmen Wasser auflösen.

Die aufgelöste Hefe nach und nach mit dem Mehl vermengen, bis ein glatter Teig entsteht.

Sollte der Teig zu klebrig sein, noch etwas Mehl hinzufügen.

Wenn der Teig glatt ist, in der Schüssel zu einer Kugel formen, mit einem Tuch abdecken und für 5 Minuten ruhen lassen. Den Teig anschließend auf die Arbeitsfläche geben und 10 Minuten kneten. Danach in 2 Hälften teilen und jede Hälfte noch einmal 5 Minuten kneten. Zum Schluss die Hälften zu 4 Kugeln formen.

Ein sauberes Küchentuch auf ein Backblech geben und mit etwas Mehl bestäuben. Die Kugeln darauf legen und mit einem feuchten Tuch abdecken. Für 30 Minuten an einem warmen Ort gehen lassen. Den Teig ausrollen und nach Belieben belegen.

KARTOFFELPÜREE

ZUTATEN

500 g Kartoffeln, mehligkochend
350 ml ungesüßten Pflanzendrink
1 EL Margarine
Salz
Schwarzer Pfeffer, frisch
Muskatnuss, frisch gerieben

Kartoffeln schälen, waschen und in grobe Stücke schneiden. In Salzwasser zugedeckt 20–25 Minuten kochen. Dann abgießen und bei sehr geringer Hitze im offenen Topf ausdampfen lassen.

Den Pflanzendrink mit Margarine, etwas Salz, Pfeffer und frisch geriebener Muskatnuss aufkochen.

Die Kartoffeln mit einem Kartoffelstampfer zu einem Püree stampfen. Nun die kochende Pflanzendrink-Mischung unterrühren und nach Geschmack nachwürzen.

VEGANER NUDELTEIG

ZUTATEN

350 g doppelgriffiges Dinkelmehl Type 1050
150 g Hartweizengrieß
2 EL Olivenöl
1 Prise Salz
175 ml lauwarmes Wasser

Mehl, Hartweizengrieß und Salz in einer Schüssel miteinander vermischen. Olivenöl und Wasser miteinander vermengen und zu den trockenen Zutaten geben. Nun alle Zutaten miteinander vermengen, bis ein bröseliger Teig entsteht.

Den Teig für ca. 10–15 Minuten mit der Hand kneten, bis ein glatter Teig entstanden ist. Anschließend in Folie einschlagen und für 40 Minuten im Kühlschrank ruhen lassen.

Nun die Nudelmaschine vorbereiten. Dazu die Walzen leicht mit Mehl bestäuben.

Den Teig in 8 gleich große Stücke aufteilen und zu Kugeln formen.

Je einen Teigling bei größtem Abstand der Walzen durch die Nudelmaschine führen. Den Teig von den beiden langen Seiten her zur Mitte falten, sodass ein Rechteck entsteht. Denselben Vorgang zweimal wiederholen, dann den Walzenabstand nach und nach reduzieren, bis der Teig nur noch etwa 1 Millimeter dick ist.

Die fertig ausgerollten Nudelplatten unter einem leicht angefeuchteten Tuch lagern, dabei jedoch nicht übereinander stapeln. Die Platten können anschließend von Hand oder mit der Maschine zu Nudeln deiner Wahl geschnitten und gleich gekocht oder für später getrocknet oder eingefroren werden.

WAN-TAN-TEIG

ZUTATEN

300 g Weizenmehl Type 405
1 Prise Salz
175 ml warmes Wasser
Mehl zum Bestäuben

Mehl und Salz in einer Schüssel mischen, Wasser unter Rühren hinzufügen. Wenn sich alles gut verbunden hat, den Teig auf eine leicht bemehlte Arbeitsfläche geben und ca. 3–5 Minuten kneten, bis ein glatter und weicher Teig entstanden ist. Diesen zu einer Kugel formen, in Frischhaltefolie einwickeln und für 30 Minuten in den Kühlschrank legen.

Nach der Ruhezeit den Teig in zwei Teile teilen. Die Arbeitsfläche erneut mit etwas Mehl bestäuben und den Teig etwa 2 mm dünn ausrollen. Mit einem Pizzaschneider in gleichmäßige Quadrate schneiden. Die übrig gebliebenen Teigränder erneut zu einer Kugel formen, ausrollen und weitere Quadrate zuschneiden.

Die Wan-Tan-Blätter mit etwas Mehl bestäuben, bevor man sie stapelt, damit sie nicht zusammenkleben.

Tipp: Der dünne Teig wird schnell trocken. Daher sollte man die Teigblätter entweder sofort weiterverarbeiten, in einem luftdichten Behälter im Kühlschrank lagern oder alternativ einfrieren.

MANDELKÄSE-BRIOCHE

ZUTATEN FÜR DEN TEIG

½ Päckchen Trockenhefe
250 g Dinkelmehl Type 1050 oder Weizenmehl Type 405
3 EL Zucker
3 EL Sojadrink
3 EL Rapsöl
1 TL Backpulver
½ TL Salz
50 g Margarine
125 ml Mineralwasser
100 g Mandelkäse

GLASUR

1 EL Sojadrink
1 EL Agavensirup

Trockenhefe, 1 EL Mehl, 1 EL Zucker und Sojadrink mit einem Schneebesen in einer Schüssel glatt rühren und für 10 Minuten stehen lassen.

Rapsöl, 2 EL Zucker, Backpulver und Salz in einer weiteren Schüssel schaumig schlagen.

In einer großen Schüssel das restliche Mehl und die Margarine mit den Händen vermengen, bis kleine Streusel entstehen. Mineralwasser sowie die Hefe- und Ölmischungen hinzugeben und für einige Minuten kneten, bis ein glatter Teig entsteht.

Den Mandelkäse fein würfeln und in die Masse einarbeiten. Mit Frischhaltefolie abgedeckt für einige Stunden gehen lassen, bis sich das Volumen des Teigs verdoppelt hat.

Den Teig in eine Muffinform verteilen oder zu 4 runden Brötchen formen und auf ein mit Backpapier ausgelegtes Backblech geben. Für 1 Stunde abgedeckt gehen lassen.

Den Ofen auf 180 °C Umluft vorheizen.

Für die Glasur Sojadrink und Agavensirup in einem Becher verrühren, die Brötchen damit vorsichtig (am besten mit einem Pinsel) bestreichen.

Die Brioche für ca 20 Min. backen, bis sie eine goldbraune Farbe bekommen.

SELLERIECREME

ZUTATEN

350 g Knollensellerie
100 ml pflanzliche Sahne
50 g Margarine
Salz
Schwarzer Pfeffer, frisch
Muskatnuss, frisch gerieben

Knollensellerie schälen und grob würfeln, anschließend in leicht gesalzenem Wasser ca. 20 Minuten bei mittlerer Hitze kochen.

Im Anschluss in ein Sieb abgießen und mit einem Küchenmixer ca. 5 Minuten glatt Mixen. Pflanzliche Sahne hinzugeben und mit der Margarine vermengen.

Mit Salz, etwas Pfeffer und frisch geriebener Muskatnuss würzen und verfeinern.

BLUMENKOHL-MOUSSELINE

ZUTATEN

1 kg Blumenkohl
1 TL Salz
1 TL Zucker
1 TL Gemüsebrühe
4 EL Margarine
2 EL Mandel-Sauerrahm (Rezept S. 62)
50 g veganer Parmesan
½ TL Muskat
1 Prise Salz
Schwarzer Pfeffer, frisch

Blumenkohl von Blättern und Strunk befreien, in Röschen abteilen und anschließend in einem Sieb waschen. Blumenkohlröschen in einem Topf mit ausreichend kochendem Wasser unter Zugabe von Salz und Zucker für 18–20 Minuten gar kochen.

Blumenkohl abgießen und dabei 100 ml Kochwasser auffangen. Gemüsebrühe einrühren. Blumenkohl mit Margarine, Mandel-Sauerrahm und geriebenen Parmesan mit dem Pürierstab cremig pürieren. Mit Muskat, Salz und Pfeffer abschmecken.

PETERSILIENCREME

ZUTATEN

350 g Petersilienwurzel
1 kl. Bund Petersilie
100 ml pflanzliche Sahne
50 g Margarine
Salz
Schwarzer Pfeffer, frisch
Muskatnuss, frisch gerieben

Die Petersilienwurzel putzen, waschen und schälen. Danach in daumengroße Würfel schneiden und in leicht gesalzenem Wasser ca. 20 Minuten bei mittlerer Hitze kochen.

Im Anschluss in ein Sieb abgießen und in einem Küchenmixer zusammen mit der gewaschenen Petersilie ca. 5 Minuten glattmixen. Sahne und Margarine hinzugeben und nochmals mixen.

Mit Salz, etwas Pfeffer und frisch geriebener Muskatnuss würzen und verfeinern.

PETERSILIENDRESSING

ZUTATEN

2 Knoblauchzehen
1 Bund Petersilie
2 TL Salz
¼ TL Pfeffer
50 ml Reissirup
20 g Dijon-Senf
220 ml Wasser
120 ml Balsamico, hell
120 ml neutrales Pflanzenöl

Knoblauch abziehen, die Petersilie waschen und von den Stielen befreien.

Alle Zutaten in einen Mixer geben und zu einer cremigen Konsistenz mixen.

KNOBLAUCHPÜREE

ZUTATEN FÜR 4 PORTIONEN

500 g Kartoffeln, mehligkochend
4 Knoblauchzehen
Olivenöl zum rösten
350 ml Pflanzendrink
1 EL Margarine
Salz
Schwarzer Pfeffer, frisch
Muskatnuss, frisch gerieben

Kartoffeln schälen, waschen und in grobe Stücke schneiden. In einem Topf mit Salzwasser zugedeckt für 20–25 Minuten kochen. In ein Sieb abgießen und anschließend im offenen Topf ausdampfen lassen.

In der Zwischenzeit Knoblauch abziehen, in einer Pfanne mit etwas Olivenöl anrösten und mit einem Stabmixer in einem hohen Gefäß mixen.

Den Pflanzendrink mit Margarine, etwas Salz, Pfeffer und frisch geriebener Muskatnuss in einem weiteren Topf aufkochen.
Die Kartoffeln mit einem Kartoffelstampfer im Topf zerstampfen.
Den Knoblauch zur Pflanzendrink-Mischung geben und diese dann in den Kartoffelstampf unterrühren, nach Geschmack nachwürzen.

ALGEN-BABA-GANOUSH

ZUTATEN FÜR 6 PORTIONEN

2 Auberginen
4 Knoblauchzehen
80 g Tahin (Sesampaste)
1 Nori Algen Blatt
4 EL Olivenöl
4 EL Zitronensaft
Salz
½ TL Kreuzkümmel, gemahlen
1 Msp. Cayennepfeffer
1 Stiel Minze
1 Msp. Paprikapulver, geräuchert

Den Backofen auf 200 °C vorheizen. Auberginen waschen und anschließend rundum mit der Gabel einstechen. Auf ein Backblech legen und im vorgeheizten Backofen 40–45 Minuten garen, dabei gelegentlich wenden. Nach 20 Minuten die ungeschälten Knoblauchzehen mit auf das Backblech geben und ebenfalls mehrmals wenden.

Auberginen leicht abkühlen lassen, längs halbieren und das Fruchtfleisch mit einem Löffel aus der Schale schaben. Den dabei ausgetretenen Saft zusammen mit dem fein gehackten Fruchtfleisch in eine Schüssel geben. Knoblauch aus der Schale drücken, dazugeben und alles vermischen.

Tahin, das zerkrümelte Nori-Algenblatt, Olivenöl, Zitronensaft, Salz, Kreuzkümmel, Cayennepfeffer, Minze und Paprikapulver ebenfalls untermischen und alles im Mixer zu einem groben Mus verarbeiten.

EINGELEGTE ROTE ZWIEBELN

ZUTATEN

500 g rote Zwiebeln
70 g Zucker
etwa ½ Chilischote
2 Zweige frischer Thymian
2 Zweige Rosmarin
6 zerdrückte Wacholderbeeren
etwa 1 ½ TL Salz
300 ml Portwein
250 ml frisch gepresster Orangensaft
5 EL Balsamico-Essig
5 EL Himbeeressig
Saft einer Zitrone

Zwiebeln abziehen und in feine Streifen schneiden.

Zucker in einem großen Topf bei mittlerer Hitze karamellisieren. Zwiebeln und Gewürze dazugeben und mit dem Zucker verrühren, dann Salz hinzufügen. Mit Portwein, Orangensaft und beiden Essigsorten ablöschen. Zitronensaft dazugeben und alles für 20 Minuten mit Deckel bei mittlerer Hitze köcheln lassen, anschließend abschmecken.

Die Masse sofort randvoll in vorbereitete Gläser mit Schraubdeckeln geben und verschließen. Die Gläser umdrehen und etwa 5 Minuten auf den Deckeln stehen lassen.

Danach können die Zwiebeln problemlos für 6–8 Wochen im Kühlschrank aufbewahrt werden

GEMÜSEBRÜHE

ZUTATEN

150 g kleine Möhren (etwa 2 Stück)
250 g Knollensellerie (1 Stück)
200 g Petersilienwurzel (4 Stück)
250 g Lauch (1 Stange)
4 Zwiebeln
250 g Champignons
4 Tomaten
1 EL neutrales Pflanzenöl
2 Zweige Thymian
2 Zweige Rosmarin
2 Lorbeerblätter
10 schwarze Pfefferkörner
4 Pimentkörner

Möhren, Sellerie und Petersilienwurzeln putzen und waschen. Lauch putzen, der Länge nach halbieren und waschen. Alles in grobe Stücke schneiden.

Zwiebeln ungeschält halbieren. Pilze putzen und klein schneiden. Tomaten waschen, die Stielansätze entfernen und anschließend grob hacken.

Öl in einem großen Topf erhitzen. Alle Zutaten darin bei kleiner Hitze 8–10 Minuten glasig dünsten.

Mit 4 l Wasser bedecken und zum Kochen bringen, eventuell auftretenden Schaum abschöpfen.

Thymian und Rosmarin waschen und trocken schütteln. Mit Lorbeerblättern, Pfeffer- und Pimentkörnern in den Topf geben und 1 Stunde bei mittlerer Hitze kochen lassen.

Die Gemüsebrühe anschließend durch ein feines Sieb in einen zweiten Topf gießen. Für 1,5–2 Stunden auf ca. 1,2 l einkochen und erkalten lassen. Sie hält sich bis zu 3 Tage im Kühlschrank und sehr viel länger, wenn sie mit einem Trichter in Gefrierbeutel gefüllt, fest verschlossen und eingefroren wird.

MANDEL-SAUERRAHM

ZUTATEN

250 g Mandeln, geschält
260 ml Wasser
5 EL Zitronensaft
2 TL Brottrunk
1 EL Kokosöl
1 TL Apfelessig
½ TL Salz

Die Mandeln über Nacht oder mindestens für 10–12 Stunden lang einweichen.

Anschließend in einem Sieb mit klarem Wasser abspülen und mit allen anderen Zutaten in einen Hochleistungsmixer geben.

Zuerst auf kleiner Stufe mixen, dann in Intervallen mehrfach auf höchster Stufe.

BESTE FRITTEN DER WELT

(Triple Fried Fries by Hesto Blumenthal)

ZUTATEN

1 kg Lady Anna-Kartoffeln
Meersalz
Ca. 3 l Frittieröl

Kartoffeln schälen und in Pommes-Streifen schneiden (ca. 6 × 2 × 2 cm). Die geschnittenen Pommes ca. 5 Minuten in einer Schüssel unter fließendem Wasser wässern um die Stärke auszuwaschen.

2 Liter Wasser in einem großen Topf erhitzen und die rohen Pommes im kochenden und gesalzenen Wasser bei mittlerer Hitze für 15–20 Minuten köcheln, bis sie fast auseinander fallen.

Die Pommes vorsichtig dem Wasser entnehmen und zum Trocknen auf ein Backblech legen.

Mindestens 1 Stunde in den Gefrierschrank stellen, um noch mehr Feuchtigkeit zu entfernen.

Fritteuse oder tiefen Topf mit Öl erhitzen. Darauf achten, dass der Topf nicht mehr als zur Hälfte mit Öl gefüllt ist.

Die Pommes in mehreren Durchgängen portionsweise frittieren, bis sich eine leichte Kruste bildet (nach ca. 5 Minuten). Aus dem Öl nehmen und auf Küchenpapier abtropfen lassen.

Kartoffeln auf ein Blech legen und nochmals mindestens 1 Stunde lang in den Gefrierschrank geben.

Öl in der Fritteuse oder einem großen Topf auf 180 °C erhitzen und die Pommes ca. 7 Minuten goldgelb frittieren. Zum Abschluss aus dem Fett nehmen, abtropfen lassen und mit Meersalz bestreuen.

RÄUCHER-ZWIEBEL-KAVIAR

ZUTATEN

2 EL dunkler Balsamico
1 Prise Räuchersalz
1 Prise Zwiebelpulver
1 EL Wasser
½ TL Agar-Agar

AUSSERDEM

2 kleine Gläser, mit gekühltem, neutralen Pflanzenöl gefüllt

Die mit Öl gefüllten Gläser für 1 Stunde ins Gefrierfach stellen. Das Öl sollte aber noch nicht gefroren sein.

Balsamico, Räuchersalz und Zwiebelpulver mit Wasser und Agar-Agar in einem kleinen Topf erhitzen, sodass die Flüssigkeit leicht köchelt; 2 Minuten simmern lassen.

Eine saubere Pipette nehmen und die Flüssigkeit tropfenweise in je eines der Öl-Gläser träufeln.

Das Öl durch ein feinmaschiges Sieb abgießen, sodass die Perlen im Sieb bleiben. Die Perlen kurz in einem kalten Wasserbad schwenken. Erneut im Sieb abgießen und in eine kleine Aufbewahrungsdose geben oder gleich nach Belieben anrichten.

VEGANE VANILLESOSSE

ZUTATEN FÜR 400 ml

1 Vanilleschote
400 ml Mandeldrink
4 TL Speisestärke
3 TL kaltes Wasser
1 (gute) Prise Kurkuma
Reissirup oder Agavendicksaft nach Belieben

Vanilleschote halbieren und das Mark herauskratzen. Mandelmilch mit Vanilleschote sowie dem Mark zum Kochen bringen.

Speisestärke mit kaltem Wasser anrühren, in die kochende Mandelmilch einrühren und weitere 2–3 Minuten köcheln lassen.

Den Topf vom Herd nehmen und Kurkuma einrühren. Nach Belieben mit Reissirup oder Agavendicksaft süßen, abkühlen lassen.

VEGANE CREME-EIS-BASIS

ZUTATEN FÜR 600 ml

1 Vanilleschote
600 ml Mandelmilch
4 TL Speisestärke
3 TL kaltes Wasser
1 (gute) Prise Kurkuma
Reissirup nach Belieben

Vanilleschote halbieren und das Mark herauskratzen. Mandelmilch mit Vanilleschote sowie dem Mark zum Kochen bringen.

Speisestärke mit kaltem Wasser anrühren, in die kochende Mandelmilch einrühren und 2–3 Minuten köcheln lassen.

Topf vom Herd nehmen und Kurkuma einrühren. Nach Belieben mit Reissirup süßen, etwas abkühlen lassen, in eine Eismaschine geben und gefrieren lassen.

VANILLECREME

ZUTATEN

100 ml aufschlagbare Pflanzensahne
400 g Seidentofu
1 TL Bourbon-Vanillepulver
6 EL Reissirup

Für die Creme die Pflanzensahne aufschlagen. Seidentofu mit Vanille und Reissirup im Mixer oder mit einem Pürierstab glatt pürieren.

Die Sahne unterheben und die Creme bis zum Servieren kalt stellen.

CLASSICS

ELSÄSSER FLAMMKUCHEN

ZUTATEN FÜR 4 PERSONEN

TEIG
Einfache Menge Pizzateig (Rezept S. 52)

BELAG
300 g Zwiebeln
250 g Räuchertofu
250 g veganer Frischkäse
150 g Mandel-Sauerrahm (Rezept S. 60)
Salz
Schwarzer Pfeffer, frisch

Außerdem benötigt: Backpapier

Zwiebeln abziehen und in Ringe schneiden, Räuchertofu würfeln. Den veganen Frischkäse mit Mandel-Sauerrahm verrühren und mit Salz und Pfeffer abschmecken.

Den Teig nach Rezept von S. 52 zubereiten, vierteln und nochmals durchkneten. Je ein Viertel oval (ca. 35×25 cm) ausrollen. Backblech mit Backpapier auslegen und den Teigfladen darauflegen. Je ¼ der Frischkäse-Mandelcreme-Masse auf den Teig streichen. Je ¼ des Räuchertofus und der Zwiebeln ebenso gleichmäßig darauf verteilen.

Im vorgeheizten Backofen (E-Herd: 250 °C / Umluft: 225 °C / Gas: Stufe 5) den Flammkuchen 10–12 Minuten im unteren Einschub des Backofens backen. In der Zwischenzeit mit dem restlichen Teig und Belag genauso verfahren, und nacheinander backen. Den fertigen Elsässer Flammkuchen direkt servieren.

rustikal

ZWIEBEL-FEUERFLECK

MIT GEBRATENEM RÄUCHERTOFU, SOUR-CREAM-MAYO UND GREENS

ZUTATEN FÜR 4 PERSONEN

TEIG
Einfache Menge Pizzateig
(Rezept S. 52)

BELAG
2 rote Zwiebeln
1 weiße Zwiebel
1 Knoblauchzehe
250 g Räuchertofu
2 TL neutrales Pflanzenöl
4 EL Sojasoße
Saft einer halben Zitrone
Schwarzer Pfeffer, frisch

TOPPING
1 Handvoll Rettichsprossen

DAZU
150 g Mandel-Sauerrahm
(Rezept S. 60)
250 g vegane Mayonnaise
(Rezept S. 46)
Salz
Schwarzer Pfeffer, frisch

Rote Zwiebeln abziehen und in dünne Ringe schneiden, die weiße Zwiebel abziehen und fein hacken, den Knoblauch schälen und ebenfalls fein hacken.

Den Räuchertofu in schmale Scheiben schneiden, in einer Pfanne mit Öl kross anbraten und im Anschluss die weißen Zwiebelwürfel sowie den Knoblauch dazugeben und mitbraten. Räuchertofu mit Sojasoße ablöschen und kurz weiter braten. Zum Abschluss Zitronensaft hinzugeben und mit Pfeffer würzen.

Den Teig nach Rezept von S. 52 zubereiten, zu 4 gleich großen Fladen formen und im Backofen auf einem mit Backpapier belegtem Blech bei 180 °C Ober- und Unterhitze für ca. 10 Minuten backen. Die Fladen herausnehmen, mit den roten Zwiebelringen belegen und weitere 10 Minuten fertig backen.

Mandel-Sauerrahm mit veganer Mayonnaise vermengen, mit Salz und Pfeffer abschmecken.

Die Masse auf die Teigfladen verteilen und mit Räuchertofu belegen. Nach Belieben mit Rettichsprossen garnieren.

TIROLER KASSPATZLN

ZUTATEN FÜR 4 PERSONEN

3 mittelgroße Zwiebeln
Etwas Mehl Type 405
Neutrales Pflanzenöl
Doppeltes Rezept Spätzle (Rezept S. 52)
1 Knoblauchzehe
100 g geriebener veganer Schmelzkäse
100 g No Muh Rac von Vegusto
50 g veganer Parmesan
Etwa 100 ml kräftige Brühe
Salz
Schwarzer Pfeffer, frisch
Petersilie

Zwiebeln abziehen, 2 davon in feine Ringe schneiden, die dritte Zwiebel fein würfeln. Die Zwiebelringe mit Mehl mischen und in Öl ausbacken.

Spätzle nach Grundrezept von S. 52 zubereiten, in einer beschichteten Pfanne mit den Zwiebelwürfeln und etwas Öl leicht anbraten. Währenddessen Knoblauch abziehen und fein hacken.

Die Käse-Alternativen zu den Spätzle geben, immer wieder durchschwenken und gegebenenfalls mit Gemüsebrühe ablöschen bzw. verflüssigen. Mit Salz und Pfeffer würzen und nach Belieben sowie Geschmack noch mit etwas gehacktem Knoblauch verfeinern.

Spätzle anrichten und mit den Röstzwiebeln und Petersilie garnieren.

rustikal

KÄSSPATZEN-LOLLYPOPS

MIT CHILI-CHEESE-MAYO UND RÖSTZWIEBELN

ZUTATEN FÜR 4 PERSONEN

3 mittelgroße Zwiebeln
Etwas Mehl
Neutrales Pflanzenöl
Doppeltes Rezept Spätzle (Rezept S. 52)
1 Knoblauchzehe
100 g geriebener veganer Schmelzkäse
100 g No Muh Rac
50 g veganer Parmesan
Salz
Schwarzer Pfeffer, frisch
2 EL Semmelbrösel
2 TL Speisestärke
Chili-Cheese-Mayo (Rezept S. 48)

10 Holzspieße

Zwiebeln abziehen, 2 davon in feine Ringe schneiden, die dritte Zwiebel fein würfeln. Die Zwiebelringe mit Mehl mischen und in neutralem Pflanzenöl ausbacken.

Spätzle nach Rezept von S. 52 zubereiten. In einer beschichteten Pfanne Zwiebelwürfel in etwas Öl leicht anbraten. Währenddessen Knoblauch abziehen und fein hacken.

Die Käse-Alternativen zu den Spätzle geben, immer wieder durchschwenken und gegebenenfalls mit Gemüsebrühe ablöschen bzw. verflüssigen. Mit Salz und Pfeffer würzen und nach Belieben und Geschmack mit etwas gehacktem Knoblauch verfeinern.

Die Spätzle mit etwas Semmelbröseln und Speisestärke mischen und binden.

Je 1 gut gehäuften EL Spätzle-Masse um die Holzspieße zu Lollis formen und dann mit Semmelbröseln panieren, anschließend in Öl ausbacken. Zu den Lollis Chili-Cheese-Mayo servieren.

BLUMENKOHL POLNISCH

ZUTATEN FÜR 4 PERSONEN

1 Blumenkohl
Salz
3 EL Zitronensaft
½ Bund Petersilie
400 g vegane Salami
4 EL Kichererbsen
1 EL neutrales Pflanzenöl
4 EL Semmelbrösel
3 EL Margarine

Blumenkohl putzen, waschen und in große Röschen schneiden. In einem Topf mit kochendem Salzwasser zusammen mit 2 EL Zitronensaft für 10–15 Minuten garen.

Petersilie waschen und hacken, vegane Salami in Würfel schneiden. Kichererbsen abgießen und mit kaltem klaren Wasser abspülen, danach fein hacken.

Öl in einer Pfanne erhitzen und die Salami darin ca. 3 Minuten braten, dann herausnehmen und warm stellen. Die Pfanne säubern und nun die Semmelbrösel darin kurz anrösten. Margarine sowie 1 EL Zitronensaft zufügen und kurz aufschäumen lassen.

Den Blumenkohl abgießen und auf einer Platte anrichten. Salamiwürfel, gehackte Kichererbsen und Petersilie darüber streuen, abschließend die »Brösel-Butter« darüber verteilen.

BLUMENKOHL-CHEESECAKE

AUF BLUMENKOHL-MOUSSELINE, GEBRATENEM BLUMENKOHL MIT BRÖSEL-KNOBLAUCH-»BUTTER« UND GEBRATENER VEGANER WURST

ZUTATEN FÜR 4 PERSONEN

CHEESECAKE
350 g Blumenkohl
400 g pflanzliche Quark-Alternative
150 g pflanzliche Frischkäse-Alternative
75 g Stärke
200 ml Haferdrink oder Pflanzendrink nach Wahl
100 ml Sonnenblumenöl
60 g brauner Zucker
2 TL Knoblauchpulver
1 TL Kurkuma
½ TL Kokosöl zum Einfetten

GEBRATENER BLUMENKOHL
½ Blumenkohl
Salz
3 EL Zitronensaft
½ Bund Petersilie
400 g vegane Chorizo
1 EL neutrales Pflanzenöl
4 EL Semmelbrösel
3 EL Margarine
2 Knoblauchzehen
Blumenkohl-Mousseline (Rezept S. 56)

CHEESECAKE

Blumenkohl putzen und in leicht gesalzenem Wasser in einem Topf weich kochen bis er fast zerfällt. Danach abgießen und mit einem Stabmixer in einem hohen Gefäß zu einer glatten Creme pürieren. Den Blumenkohl zur Seite stellen und vor dem weiteren verarbeiten auf Handwärme abkühlen lassen.

Den Backofen auf 180 °C Ober-/Unterhitze vorheizen.

In einer großen Rührschüssel den pürierten Blumenkohl, die Quark- und Frischkäse-Alternative mit einem Schneebesen vermischen. Im Anschluss alle restlichen Zutaten für den Cheesecake hinzugeben und mit einem Schneebesen für mindestens 2 Minuten schön cremig rühren.

Die Masse in eine gefettete Springform mit 26 cm Durchmesser geben und diese ein paar mal mit etwas Kraft auf die Küchenoberfläche klopfen, damit die überschüssigen Bläschen aus dem Teig entweichen können und der Kuchen später nicht rissig wird.

Kuchen für 50–60 Minuten im vorgeheizten Ofen backen, bis er außen schön leicht golden ist. Danach bei Raumtemperatur ca. 10 Stunden auskühlen lassen.

Tipp: Damit der Kuchen gleichmäßig abkühlt, empfehle ich, den Kuchen samt Form auf ein Gitter zu stellen. So kann die Luft von allen Seiten kühlen.

GEBRATENER BLUMENKOHL

Blumenkohl putzen, waschen und in große Röschen schneiden. In einem Topf mit kochendem Salzwasser zusammen mit 2 EL Zitronensaft 10–15 Minuten garen. Petersilie waschen und hacken. Vegane Chorizo in Würfel schneiden.

Öl in einer Pfanne erhitzen und die Chorizo darin ca. 3 Minuten braten, dann herausnehmen und warm stellen. Die Pfanne säubern und nun die Semmelbrösel darin kurz anrösten. Margarine sowie 1 EL Zitronensaft zufügen, Knoblauch mit dem Handrücken andrücken und kurz mit aufschäumen lassen.

Die Blumenkohl-Mousseline nach Rezept von S. 56 zubereiten.

Die Blumenkohl-Mousseline auf dem Teller anrichten, den Cheesecake darauf platzieren und mit dem gebratenen Blumenkohl servieren.

AUBERGINEN-MATJES

ZUTATEN FÜR 4 PERSONEN

MARINADE
1 rote Zwiebel
4 EL Nori-Algen
250 ml Mirin Reisessig
250 ml Weißwein
80 g Dattelzucker
2 TL Salz
2 Lorbeerblätter
½ EL Wacholderbeeren
½ EL schwarze Pfefferkörner
1 EL helle Senfsamen

»MATJES«
2 Auberginen
Salz
1 EL neutrales Pflanzenöl

PETERSILIENKARTOFFELN
800 g festkochende Kartoffeln
4 Stiele glatte Petersilie
1 El Margarine
½ El Arganöl
Salz
Muskat
Schwarzer Pfeffer, frisch

Cremige Apfelsoße
(Rezept S. 45)

MARINADE

Die Zwiebel abziehen und fein hacken. Alle Zutaten für die Marinade miteinander vermischen, aufkochen und abkühlen lassen.

»MATJES«

Auberginen waschen und in ½ cm dicke Scheiben schneiden. Anschließend auf ein Blech geben und mit Salz bestreuen um Wasser zu entziehen. Ausgetretene Flüssigkcit nach ca. 20 Minuten mit einem Küchentuch abtupfen. Auberginenscheiben in einer Pfanne beidseitig in Öl leicht anbraten, dann für ca. 30 Minuten in der vorbereiteten Marinade einlegen.

PETERSILIENKARTOFFELN

Kartoffeln schälen und in einem Topf mit gesalzenem Wasser bedeckt gar kochen. Währenddessen die Petersilie waschen, trockenschleudern und fein hacken. Die fertig gekochten Kartoffeln in einem Sieb abgießen, danach in einer Pfanne mit Margarine und Arganöl schwenken. Mit Salz, Muskat und Pfeffer würzen und zum Schluss die Petersilie hinzugeben.

Cremige Apfelsoße nach Rezept von S. 45 zubereiten. Die »Matjes« aus dem Sud nehmen und abtropfen lassen. Gegebenenfalls mit einem Tuch trocken tupfen. Alle Zutaten auf einem Teller ansprechend anrichten.

rustikal

ALGEN-BABA-GANOUSH

MIT GEBRATENER AUBERGINE AUF GURKEN-GRANNY-SMITH-CREME UND EINGELEGTEN ROTEN ZWIEBELN MIT HOMEMADE FRIES

ZUTATEN FÜR 4 PERSONEN

AUBERGINEN
2 Auberginen
Olivenöl
Sojasoße
Salz
Schwarzer Pfeffer, frisch

GURKEN-GRANNY-SMITH-CREME
50 g Salatgurke
50 g Apfel (Granny Smith)
150 g Tapiokaperlen (gegart)
30 mg Wasabi
80 ml Gemüsebrühe, reduziert
3 EL vegane Mayo
20 ml Olivenöl
10 ml Limettensaft
3 g Himalaya-Salz

AUSSERDEM
8 EL Algen-Baba-Ganoush (Rezept S. 58)
4 EL eingelegte rote Zwiebeln (Rezept S. 59)
Beste Fritten der Welt (Rezept S. 60)

GEBRATENE AUBERGINEN

Die Auberginen in 4 cm dicke Scheiben schneiden, mit Öl beidseitig einpinseln und in einer Grillpfanne anbraten. Dann mit Sojasoße nach Belieben ablöschen und mit Salz und Pfeffer würzen.

GURKEN-GRANNY-SMITH-CREME

Die Gurke und den Apfel waschen, schälen und in feine Würfel schneiden. Danach mit allen weiteren Zutaten für die Creme zusammen in einer Schüssel vermengen.

Die Algen-Baba-Ganoush nach Rezept von S. 58, die roten Zwiebeln nach Rezept von S. 59 und die Besten Fritten der Welt nach Rezept von S. 60 zubereiten.

Alles gemeinsam anrichten.

PIZZA NAPOLI

ZUTATEN FÜR 4 PERSONEN

PIZZATEIG
Rezept S. 82

BELAG
200 ml passierte Tomaten aus der Dose
Salz
Zucker
30 g veganer Parmesan, frisch gerieben
200 g veganer Pizzakäse
Oregano
Basilikum
4 EL Olivenöl
Schwarzer Pfeffer, frisch

AUSSERDEM
Semmelbrösel zum Bestreuen der Backbleche
Mehl zum Ausrollen des Teigs

Die passierten Tomaten in eine Schüssel geben und mit Salz, Zucker sowie Pfeffer würzen und gut durchmischen.

Den Backofen auf 250 °C Ober- und Unterhitze vorheizen und 2 Backbleche mit Semmelbröseln bestreuen. Alternativ den Pizzastein (sehr empfehlenswert!) im Backofen auf höchster Stufe für 1 Stunde vorheizen.

Den Pizzateig auf einer leicht bemehlten Fläche möglichst dünn zu einem Kreis von ca. 20 cm Durchmesser ausrollen und dabei aufpassen, dass er nicht reißt. Den Rand ruhig etwas dicker lassen.

Etwas von der zuvor zubereiteten Tomatensoße auf der Pizza verteilen und mit frisch geriebenem Parmesan bestreuen. Den Pizzakäse ebenfalls auf der Pizza verteilen.

Auf einem Pizzastein im Backofen sollten die Pizzen ca. 10–12 Minuten benötigen, auf dem mit Semmelbröseln belegten Backblech gebacken brauchen sie ca. 25–30 Minuten.

Nach dem Backen die Pizzen mit Oregano, etwas Salz und Basilikumblättern belegen sowie mit etwas Olivenöl beträufeln.

rustikal

ROSAROTE ROTKOHL-PIZZA

ZUTATEN FÜR 4 PERSONEN

PIZZATEIG
Rezept S. 52
Rote-Bete-Pulver

BELAG
4 EL Mandel-Sauerrahm (Rezept S. 60)
100 g frisch geriebener veganer Parmesan
100 g veganer Schmelzkäse
1 rote Zwiebel
50 g Rotkohl
40 g Radicchio
2–3 Scheiben veganer Prosciutto (optional)
1 EL Wonig (vegane Honig-Alternative)
1 TL rosa Pfeffer

AUSSERDEM
Semmelbrösel zum Bestreuen der Backbleche
Mehl zum Ausrollen des Teigs

Pizzateig nach Rezept von Seite 52 zubereiten und im ersten Zubereitungsschritt Mehl mit Rote-Bete-Pulver und Salz mischen.

Den Backofen auf 250 °C Ober- und Unterhitze vorheizen und 2 Backbleche mit Semmelbröseln bestreuen.

Alternativ den Pizzastein (sehr empfehlenswert!) im Backofen auf höchster Stufe für 1 Stunde vorheizen.

Den Pizzateig auf einer leicht bemehlten Fläche möglichst dünn zu einem Kreis von ca. 20 cm Durchmesser ausrollen und dabei aufpassen, dass er nicht reißt. Den Rand ruhig etwas dicker lassen.

Etwas von dem Mandel-Sauerrahm auf der Pizza verteilen und mit etwas frisch geriebenem Parmesan bestreuen. Den Schmelzkäse ebenfalls auf der Pizza verteilen.

Zwiebeln abziehen und in Streifen schneiden, Rotkohl vierteln und ebenfalls in Streifen schneiden. Beides auf der Pizza verteilen.

Auf dem Pizzastein im Backofen sollten die Pizzen ca. 10–12 Minuten benötigen, auf dem mit Semmelbröseln belegten Backblech ca. 25–30 Minuten.

Abschließend die Pizza mit Radicchio und optional veganem Prosciutto garnieren, zum Schluss mit etwas Wonig beträufeln und mit rosa Pfeffer bestäuben.

KLASSISCHE KÖNIGSBERGER KLOPSE

MIT PETERSILIENKARTOFFELN UND ROTE-RÜBEN-SALAT

ZUTATEN FÜR 4 PERSONEN

KLOPSE
- 250 g Sonnenblumen-Hack oder anderes pflanzliches Hack
- 4 TL Hefeflocken
- 3 TL Stärke
- ¼ TL gemahlener Piment
- 1 Prise geriebene Muskatnuss
- Salz
- Schwarzer Pfeffer, frisch
- 200 g geräucherter Tofu
- 1850 ml Gemüsebrühe
- 2 EL Sojasoße
- 1 EL Erdnussöl
- 1 TL gehackte Kapern

ROTE-BETE-SALAT
- 2 mittelgroße Rote Beten (ca. 500 g)
- 2 kleine Zwiebeln
- 1 EL Rapsöl
- 2 EL Rotweinessig
- 2 TL Dijonsenf

KARTOFFELN
- 600 g Kartoffeln
- 2 Stängel Petersilie

SOSSE
- 1 Zwiebel
- 3 EL Margarine
- 1 Lorbeerblatt
- 4 EL Mehl
- 125 ml veganer Weißwein
- 750 ml Gemüsebrühe
- 1 Glas Kapern, abgetropft
- 1 EL Zitronensaft
- 1 Schuss Pflanzliche Sahne
- 1 Prise geriebene Muskatnuss
- Salz
- Schwarzer Pfeffer, frisch

KLOPSE

Für die Klopse das Hack mit Hefeflocken, Stärke, Piment, Muskatnuss, Salz und Pfeffer in einer Schüssel vermengen.

In einem hohen Gefäß mit dem Stabmixer den Räuchertofu zusammen mit 350 ml Gemüsebrühe, Sojasoße und Erdnussöl pürieren.

Die Kapern mit einem Messer fein hacken und unter die Räuchertofumasse geben. Die trockene Hack- und die Räuchertofumasse vermischen und mit den Händen zu einem homogenen Teig verkneten, anschließend ca. 15 Minuten quellen lassen.

Mit angefeuchteten Händen aus der Masse golfballgroße Klopse formen. 1,5 Liter Gemüsebrühe aufkochen und die Klopse mit einem Schaumlöffel vorsichtig hineingleiten lassen. Die Temperatur reduzieren und die Klopse bei niedriger Hitze 20 Minuten garen, anschließend mit dem Schaumlöffel herausheben und auf einem Teller beiseitestellen.

ROTE-BETE-SALAT

Die Rote Bete waschen und ungeschält in wenig Wasser zugedeckt bei mittlerer Hitze ca. 1 Std. garen. Wasser abgießen, die Rote Bete mit kaltem Wasser abschrecken und anschließend schälen.

Zwiebeln abziehen und in feine Würfel schneiden. Rote Bete in ca. ½ cm große Würfel schneiden und mit den gewürfelten Zwiebeln in einer Schüssel mischen. Öl, Essig und Senf verrühren und mit Salz und Pfeffer abschmecken. Das Dressing mit der Rote-Bete-Zwiebel-Mischung vermengen, um den Salat fertig zu stellen.

Die Kartoffeln schälen und in Salzwasser gar kochen.

SOSSE

Währenddessen für die Soße die Zwiebel in Würfel schneiden. Die Margarine in einem Topf zerlassen und die Zwiebel mit dem Lorbeerblatt darin bei niedriger Hitze glasig dünsten. Die Masse mit Mehl bestäuben, bei mittlerer Hitze unter Rühren hellgelb anschwitzen und mit Weißwein ablöschen. Nach und nach die Gemüsebrühe zugießen und zu einer glatten Soße verrühren. Das Lorbeerblatt wieder entnehmen. Kapern und Zitronensaft hinzufügen, die Soße mit der pflanzlichen Sahne verfeinern sowie mit Muskatnuss, Salz und Pfeffer abschmecken.

Die Klopse in die Soße geben und darin bei niedriger Hitze 10 Minuten ziehen lassen. Petersilie waschen, trocken schleudern und fein hacken.

Die gar gekochten Salzkartoffeln abgießen, mit Margarine und Petersilie in eine Pfanne durchschwenken.

Zum Schluss mit den Königsberger Klopsen auf Tellern anrichten und mit dem Rote Bete-Salat servieren.

KÖNIGSBERGER KLOPSE 2.0

IN SÄMIGER ZITRONEN-VERBENE-KAPERN-SOSSE AN IM SALZTEIG GEGARTER ROTER RÜBE MIT PETERSILIEN-KARTOFFELPÜREE GEFÜLLT UND IM OFEN GESCHMORTER HÖRI-BÜLLE-ZWIEBEL AN GLACAGE VON FRITTIERTEN KAPERN, KNOBLAUCH UND ZITRONE

ZUTATEN FÜR 4 PERSONEN

KLOPSE
Rezept S. 86

SOSSE
Einfache Menge Velouté (Rezept S. 49)
2 Stängel Zitronen-Verbene
Saft von 1 Zitrone
2 TL Kapern
Salz
Schwarzer Pfeffer, frisch

ROTE BETE
2 Tassen Mehl
1 Tasse Salz
1 Tasse Wasser
2 EL neutrales Pflanzenöl
1 EL Schwarzer Pfeffer, frisch
4 Rote Beten

KARTOFFELPÜREE
Rezept S. 53
2 Stängel Petersilie

»HÖRI BÜLLE«
8 Höri Bülle-Zwiebeln
Salz
5 EL Zucker
250 ml Weißwein
4 Zitronen
2 Knoblauchzehen
150 g Margarine
2 Stängel Rosmarin
2 Stängel Thymian
1 TL Fenchelsamen
1 EL Kamillenblüten
4 EL Kapern

ZITRONEN-VERBENE-KAPERNSOSSE

Velouté nach dem Grundrezept von S. 49 zubereiten. Zitronen-Verbene waschen, trocken schleudern und in feine Streifen schneiden. Zitronensaft und Kapern dazugeben. Mit Salz und Pfeffer abschmecken.

ROTE BETE IM SALZTEIG

Backofen auf ca. 200 °C (180 °C Umluft) vorheizen. Mehl, Salz, Wasser und Öl in einer großen Schüssel zu einem Teig verkneten und jede Rote Bete jeweils damit komplett umhüllen. Rote Rüben im Backofen ca. 1 Stunde garen.

In der Zwischenzeit die geschmorten Höri-Bülle-Zwiebeln wie unten stehend zubereiten und für die letzten 30 Minuten ebenfalls in den Backofen geben. Die fertig gegarten Rüben entnehmen, die Salzkruste aufbrechen, Rüben schälen und mit einem Ring ausstechen. Mit einem Apfelausstecher nochmals ausstechen und später mit Petersilien-Kartoffelpüree füllen.

PETERSILIEN-KARTOFFELPÜREE

Kartoffelpüree nach Rezept von S. 53 zubereiten. Petersilie waschen und trocken tupfen, in feine Streifen schneiden. Kartoffelpüree und Petersilie miteinander vermengen und in die Rüben füllen.

GESCHMORTE HÖRI-BÜLLE-ZWIEBELN

Höri-Bülle-Zwiebeln ungeschält mit allen anderen Zutaten inklusive Weißwein und Zucker auf ein Blech geben und im Backofen mit den roten Rüben für ungefähr 30 Minuten backen. Äußere Schicht der Zwiebel entfernen und auf einem Teller zur Seite stellen.

Kapern vom Blech entnehmen und in einer Schale zur Seite stellen. Die Kapern später beim Anrichten zur Dekoration nutzen.

Rosmarin und Thymian entnehmen, den Knoblauch abziehen und mit den Gewürzen, Margarine und Zitrone in einen Mixer geben, zu einer sämigen Glacage pürieren.

Die geschmorten Zwiebeln in einem Topf mit der Glacage vermengen, um die Zwiebeln in eine schöne Soße zu hüllen. Klopse nach Rezept von S. 86 zubereiten und mit anrichten.

SPINAT-MAULTASCHEN

MIT OMAS KARTOFFELSALAT UND ZWIEBELSOSSE

ZUTATEN FÜR 4 PERSONEN

NUDELTEIG
Rezept S. 53
Mehl zum Ausrollen

FÜLLUNG
200 g Kartoffel, mehligkochend
1 EL Margarine
1 EL Rapsöl
1 Zwiebel
1 Knoblauchzehe
200 g Champignons, braun
200 g Spinat
½ Bund Petersilie
½ TL Salz
1 Prise schwarzer Pfeffer, frisch
1 Prise Muskatnuss
1,5 l Gemüsebrühe

KARTOFFELSALAT
1 kg Kartoffeln, festkochend
1 Zwiebel
6 EL neutrales Pflanzenöl
250 ml Gemüsebrühe
50 ml Weißweinessig
Salz
Schwarzer Pfeffer, frisch
Zucker
2 TL Senf (mittelscharf)

AUSSERDEM
4 Stiele glatte Petersilie
Zwiebelsoße (Rezept S. 47)

MAULTASCHEN

Die mehligkochenden Kartoffeln schälen und in einem Topf mit ausreichend Wasser für ca. 20–25 Minuten gar kochen. Kartoffeln abgießen, Margarine dazugeben und mit einem Kartoffelstampfer fein stampfen.

Rapsöl in einer beschichteten Pfanne erhitzen. Zwiebel und Knoblauch abziehen, in feine Würfel schneiden und für 1–2 Minuten darin anschwitzen. Champignons in Scheiben schneiden und zusammen mit dem Spinat hinzugeben, weitere 5 Minuten mit anschwitzen.

Petersilie waschen, trocken schleudern und fein hacken. Die Gemüsemischung zusammen mit der gehackten Petersilie zum Kartoffelstampf geben, gut miteinander vermengen. Mit Salz, Pfeffer und Muskat abschmecken.

Den vorbereiteten Nudelteig nach Rezept von S. 53 aus dem Kühlschrank nehmen, nochmals durchkneten und auf einer bemehlten Arbeitsfläche dünn ausrollen. Mithilfe eines Lineals oder eines glatten Teigrädchens Rechtecke von 6 × 12 cm ausschneiden. Die Ränder leicht mit Wasser befeuchten. Jeweils 1 EL der Füllung auf die eine Hälfte des Teigrechtecks setzen, zusammenklappen und gut andrücken.

1,5 L Gemüsebrühe in einem Topf zum Kochen bringen. Die Maultaschen in die kochende Brühe geben, Hitze auf kleine Stufe reduzieren und für 10–12 Minuten ziehen lassen, bis diese an der Oberfläche schwimmen.

KARTOFFELSALAT

Die festkochenden Kartoffeln mit kaltem Wasser bedeckt aufkochen und bei mittlerer Hitze zugedeckt 25–30 Minuten weich kochen.

Zwiebel abziehen und fein würfeln, anschließend in einem Topf mit 2 EL Öl glasig dünsten. Brühe zugießen und erhitzen, dann vom Herd nehmen und mit Essig, Salz, 1 Prise Zucker, Pfeffer und Senf kräftig abschmecken.

Kartoffeln abgießen, kurz ausdampfen lassen. Anschließend pellen und in Scheiben schneiden. In eine große Schüssel geben und mit der noch warmen Brühe übergießen. 30 Minuten durchziehen lassen.

Den Kartoffelsalat evtl. nachwürzen und die restlichen 4 EL Öl untermischen.

Petersilie waschen, trocken schleudern und fein hacken, unter den Kartoffelsalat mischen. Zwiebelsoße nach Rezept von S. 47 zubereiten. Maultaschen und den Kartoffelsalat anrichten und mit Zwiebelsoße servieren.

rustikal

长城平台
GREAT WALL
可以观看大陆电视节目啦!
德国总代理：电话01521480086
安装简单 只需wifi连接
数百套中文台，海量大片
一次付款，终身免费！
广电总局
瑞思科博士律师事务所
国际化

SPINAT-KARTOFFEL-WAN-TANS

MIT ZWIEBEL-UMAMI-FOND

ZUTATEN FÜR 4 PERSONEN

WAN TAN TEIG
Rezept S. 54
Mehl zum Ausrollen

FÜLLUNG
1 Zwiebel
2 Knoblauchzehen
2 Kartoffeln, mehligkochend
2 TL neutrales Pflanzenöl
300 g Spinat
80 g veganer Frischkäse
150 g Mandel-Sauerrahm
70 g veganer Parmesan
Salz
Schwarzer Pfeffer, frisch
5-Spices-Gewürzmischung (bestehend aus Sternanis, Szechuanpfeffer, Zimt, Fenchel & Gewürznelken – zu finden in jedem gut sortierten Supermarkt)

UMAMI FOND
Zwiebelsoße (Rezept S. 47)
200 ml Gemüsebrühe (Rezept S. 59)

Die Zwiebel abziehen und in feine Würfel schneiden. Knoblauchzehen ebenfalls abziehen und fein hacken, Kartoffeln waschen, schälen und würfeln.

Etwas Öl in einer Pfanne erhitzen und die Zwiebeln für 2–3 Minuten anschwitzen. Spinat hinzugeben und weitere 1–2 Minuten mitdünsten, bis er zusammengefallen ist, dabei gelegentlich umrühren. Knoblauch hinzufügen und weitere 30 Sekunden rösten, bis er gut duftet. (Wenn man gefrorenen Spinat verwendet, einfach auftauen, auspressen und mit den gerösteten Zwiebeln und dem Knoblauch vermengen).

Kartoffeln in einem weiteren Topf in Salzwasser bissfest kochen, in ein Sieb abgießen und ausdampfen lassen.

Die Spinat-Mischung in ein Sieb füllen und ausdrücken, um überschüssige Flüssigkeit zu entfernen. Dann in eine Schüssel geben und gewürfelte Kartoffeln, Frischkäse, Sauerrahm und Parmesan hinzugeben. Alles gut vermengen und nach Geschmack mit Salz, Pfeffer und 5 Spices würzen.

Den Backofen auf 200 °C Ober-/Unterhitze vorheizen.

Zum Befüllen der Wan-Tans die vorbereiteten Wan-Tan-Blätter auf einer leicht bemehlten Oberfläche ausbreiten und einen Esslöffel von der Füllung je Wan Tan in der Mitte platzieren.

Die Ränder mit etwas Wasser befeuchten, damit sie beim Verschließen besser zusammenhalten. Die Ecken jeweils zur Mitte hin falten und die Kanten zusammendrücken, um die Wan Tans zu verschließen. Diesen Vorgang mit den restlichen Teigblättern wiederholen bis alles aufgebraucht ist (oder immer nur die benötigte Anzahl zubereiten und zwischendurch braten bzw. backen).

Die Wan Tans auf ein mit Backpapier ausgelegtes Backblech legen und von allen Seiten mit etwas Öl bepinseln. Im vorgeheizten Ofen bei 200 °C ca. 10 Minuten backen, bis sie goldbraun und knusprig sind.

Die Wan Tans in einen tiefen Teller geben, Zwiebelsoße mit Gemüsebrühe vermischen und angießen.

SOUPOLAIRE

APFEL-ROTKOHL-SUPPE MIT ZIMT-CROÛTONS

ZUTATEN FÜR 4 PERSONEN

100 g Zwiebeln
400 g Rotkohl
100 g Kartoffeln
3 EL Olivenöl
200 ml Rotwein
800 ml Gemüsebrühe
Salz
Schwarzer Pfeffer, frisch
2 Bio-Orangen
20 g frischer Ingwer
2 säuerliche Äpfel (z. B. Boskop)
1 TL Koriander, gemahlen
2 EL Dattelsirup
1 EL Apfelessig
250 ml Pflanzensahne
3 Scheiben Toastbrot
30 g Margarine
½ gestr. TL Zimt, gemahlen

Die Zwiebeln abziehen und in feine Würfel schneiden, Rotkohl mit einem großen Messer vierteln und in Streifen schneiden, Kartoffeln waschen, schälen und würfeln.

Olivenöl in einem großen Topf erhitzen, Zwiebeln darin glasig dünsten. Rotkohl und Kartoffeln zugeben und 2–3 Minuten mitdünsten. Mit Rotwein ablöschen und fast komplett einkochen lassen. Mit Brühe auffüllen, etwas salzen und pfeffern und zugedeckt für 25 Minuten bei mittlerer Hitze kochen lassen.

In der Zwischenzeit eine Orange so schälen, dass die weiße Haut vollständig entfernt wird. Filets mit einem scharfen Messer zwischen den Trennhäuten herausschneiden. Was von der Orange übrig bleibt mit den Händen ausdrücken und den Saft (40–50 ml) auffangen. Zweite Orange auspressen (ca. 150 ml) und den Saft ebenfalls auffangen. Ingwer schälen und fein würfeln, Äpfel vierteln, entkernen und in grobe Stücke schneiden.

Nach 20 Minuten Garzeit Orangensaft, Ingwer und Äpfel zum Rotkohl geben und zugedeckt weitere 5 Minuten mitgaren. Dann in einem Hochleistungsmixer (unbedingt notwendig!) sehr fein pürieren. Mit Salz, Pfeffer, Koriander, Dattelsirup und Essig abschmecken. Zum Schluss die Sahne untermixen und zugedeckt warm halten.

Für die Zimt-Croûtons das Toastbrot in ca. 1 cm große Würfel schneiden. Margarine in einer Pfanne erhitzen, Zimt dazugeben und alles gut verrühren. Die Toastbrotwürfel dazugeben und bei mittlerer Hitze unter Schwenken hellbraun rösten, dann sofort auf einen Teller geben. Die Suppe in vorgewärmte Schalen füllen und mit den Orangenfilets garnieren. Mit den Croûtons bestreuen und sofort servieren.

ZUTATEN FÜR 4 PERSONEN

ROTKOHLSAFT
2 Köpfe Rotkohl
½ l Apfelsaft
Zucker
Zimt
Preiselbeeren
2 cl trockener Sherry
2 cl Madeira
2 cl Portwein
Salz
Schwarzer Pfeffer, frisch

ROTKOHL-KUGELN
250 + 150 ml Rotkohlsaft
1,5 TL Agartine
100 g Sojajoghurt
1 Prise Salz
1 Prise Zucker
Weißer Balsamico

SENFMOUSSE
100 g Gemüsebrühe
1 TL Agartine
30 ml Apfelsaft
1 EL Senf
7,5 g Mandel-Sauerrahm
40 g vegane Schlagsahne
Weißer Balsamico
Salz

ROTKOHLSALAT
2 große Rotkohlblätter
50 ml Rotkohlsaft (aus 1. Schritt der Zubereitung gewonnen)
Salz
Weißer Balsamico
1 TL Senfkörner
250 ml Apfelsaft
Schwarzer Pfeffer, frisch

CHINAKOHL-CHIP
50 ml Rotkohlsaft (aus 1. Schritt der Zubereitung gewonnen)
50 ml Rote-Bete-Saft
Salz
Schwarzer Pfeffer, frisch
20 g Puderzucker
4 Chinakohl-Blätter

SENF-MAYONNAISE
200 g vegane Mayonnaise (Rezept S. 46)
1 Tropfen weißer Balsamico
1 Msp. Pommery Senf
1 Msp. Dijonsenf

AUSSERDEM
Flüssiger Stickstoff
Plastik-Hohlkugeln zum Verschließen (erhältlich z. B. bei Bosfood)
Isi Sahnespender

ROTKOHL-PRALINE

ROTKOHL-SAFT

Am Vortag der Zubereitung bereits den Rotkohl mit einer Küchenmaschine fein schneiden und mit allen weiteren Zutaten für den Rotkohl-Saft – mit Ausnahme des weißen Balsamicos – marinieren. Einen Tag im Kühlschrank ziehen lassen, danach den Rotkohl entsaften und durch ein Sieb passieren – ergibt ca. 500 ml.

150 ml des hier gewonnenen Rotkohlsafts erhitzen, die Agartine darin auflösen und das Gelee auf einem Blech erkalten lassen. Das erkaltete Gelee später mit einem Ring ausstechen und zum Anrichten bereitstellen.

ROTKOHL-KUGELN

Die übrigen 250 ml des Rotkohlsafts sowie den Sojajoghurt, Salz, Zucker und weißen Balsamico hinzufügen und alles gut vermischen. Eine halbe Plastikkugel mit der Flüssigkeit füllen und mit der zweiten Hälfte verschließen. Die Kugel VORSICHTIG in den Stickstoff geben und mit einer Schaumkelle unter ständiger Bewegung einfrieren. Dabei die Kugel wiederholt drehen, damit die Flüssigkeit von allen Seiten gleichmäßig gefriert und der Mantel der Kugel ausgefüllt wird. Ggf. kann dies auch in der Gefriertruhe passieren. Bei der Zubereitung in einer haushaltsüblichen Gefriertruhe/Gefrierfach sollte die Kugel alle 2–3 Minuten gedreht werden, bis der Kugelinhalt komplett gefroren ist, damit sich die Masse gleichmäßig verteilt.

SENFMOUSSE

Für die Senfmousse 100 ml Gemüsebrühe erhitzen und die Agartine darin verrühren und aufkochen. Mit dem Rest der Zutaten mischen und in eine Isi-Flasche füllen. Die gefrorenen Rotkohl-Kugeln mit Senfmousse füllen.

ROTKOHLSALAT

Für den Rotkohlsalat die Rotkohlblätter in feine Streifen schneiden. Den Rotkohlsaft (50 ml) in einem Topf aufkochen, mit Salz und Essig abschmecken und abkühlen lassen. Die Senfkörner in einem separaten Topf in Apfelsaft kochen, bis sie weich sind, dann abgießen und den geschnittenen Rotkohl mit den Senfkörnern und etwas Rotkohlsaft abschmecken.

CHINAKOHL-CHIPS

Für die Chinakohl-Chips den Rotkohlsaft und den Rote-Bete-Saft (50 ml) mit Salz, Pfeffer und Staubzucker verfeinern und aufkochen. Die Chinakohlblätter mit einem Nudelholz ausrollen, sodass die Struktur bricht. Danach kurz in der Rotkohl-Rote-Beete-Saftmischung kurz marinieren und anschließend die Chinakohlblätter für 24 Stunden im Dörrautomat trocknen (oder bei 60 °C Heißluft im Ofen über Nacht).

SENFMAYONNAISE

Die Mayonnaise in eine Schüssel mit Balsamico-Essig und Senf vermengen.

Zum Anrichten einen Teelöffel Rotkohlsalat in die Mitte einer kleinen, tiefen Schale geben. Rundherum den Rotkohlsaft geben, das Gelee auf dem Salat platzieren und die gefüllte Rotkohl-Kugel auf das Gelee setzen. Einen Mayonnaise-Punkt auf die Rotkohl-Kugel spritzen, den Chinakohl-Chip darauf platzieren und servieren.

FRANZÖSISCHE ZWIEBELSUPPE

ZUTATEN FÜR 4 PERSONEN

4 rote Zwiebeln
4 weiße Zwiebeln
4 Knoblauchzehen
3 Schalotten
100 g Räuchertofu
Olivenöl
3 Zweige Thymian
150 ml Weißwein
1 Schuss Cognac
1 Schuss Sherry
1,5 l Gemüsebrühe
1 Zweig Estragon
½ TL gemahlener Kümmel
3 Lorbeerblätter
Salz
Schwarzer Pfeffer, frisch
8 Scheiben Baguette
80 g veganer Schmelzkäse

Die Zwiebeln abziehen und in feine Streifen schneiden. Zwei Knoblauchzehen ebenfalls abziehen und in dünne Scheiben schneiden, den Räuchertofu in kleine Würfel.

Olivenöl mit Thymian, Räuchertofu sowie den roten und weißen Zwiebeln vermischen und in einem Topf andünsten, zwei geschnittene Knoblauchzehen hinzugeben.

Alles bei schwacher Hitze für ca. 30–40 Minuten anrösten, ohne dass die Zwiebeln zu dunkel werden. Immer wieder mit dem Kochlöffel umrühren.

Sobald die Zwiebeln goldbraun, glasig und weich sind, mit Weißwein, Cognac und Sherry ablöschen.

Anschließend Gemüsebrühe und Kräuter sowie Lorbeerblätter hinzugeben und 40 Minuten köcheln lassen. Mit Salz und Pfeffer abschmecken.

Backofen auf voller Hitze vorheizen (Oberhitze). Die Suppe in ofenfeste Schalen oder kleine Töpfchen bzw. Terrinen füllen.
Das Baguette kurz im Backofen leicht rösten und die restlichen Knoblauchzehen darauf verreiben.

Je Portion 2 Scheiben Baguette auf die Suppe legen, mit dem veganen Käse bestreuen und unter dem heißen Backofengrill goldbraun gratinieren.

BLITZGERÄUCHERTE ZWIEBEL-CONSOMMÉ

MIT RÄUCHERTOFU-ZWIEBEL-KAVIAR UND MANDELKÄSE-BRIOCHE

ZUTATEN FÜR 4 PERSONEN

300 g rote Zwiebeln
300 g weiße Zwiebeln
1 Knoblauchzehe
2 EL Rapsöl
3 TL Rauchsalz
1 Zweig Rosmarin
50 g Margarine
1½ l Gemüsebrühe
Salz
Schwarzer Pfeffer, frisch
50 ml trockener Weißwein

AUSSERDEM
Räuchertofu-Zwiebelkaviar (Rezept S. 61)
Mandelkäse-Brioche (Rezept S. 55)

Den Backofen auf die höchste Stufe vorheizen. Zwiebeln und Knoblauch abziehen. Die Zwiebeln in feine Streifen schneiden und den Knoblauch fein hacken.

Zwiebeln mit Knoblauch auf einem Blech mit etwas Rapsöl bei der größten Hitze im Backofen rösten. Nach 5 Minuten das Rauchsalz und den Rosmarin hinzugeben und rösten, bis die Zwiebeln leicht schwarze Ränder haben.

Margarine in einem Topf zerlassen und die Zwiebeln bei schwacher Hitze darin goldbraun schmoren.

Etwa 1 ½ l Gemüsebrühe aufgießen und ca. 45 Minuten leicht köcheln lassen.

Mit Salz und Pfeffer würzen und den Weißwein einrühren, abschmecken, anschließend durch ein Sieb abseihen.

Räuchertofu-Zwiebelkaviar nach Rezept von S. 61 und Mandelkäse-Brioche nach Rezept von S. 55 zubereiten. Consommé in einem flachen Glas anrichten, mit dem Mandelkäse-Brioche und dem Räuchertofu-Zwiebelkaviar servieren.

TIROLER KASPRESSKNÖDELSUPPE

ZUTATEN FÜR 4 PERSONEN

4 altbackene Brötchen
1 Zwiebel
Neutrales Pflanzenöl zum Braten
350 ml ungesüßten Pflanzendrink nach Wahl
1 EL Majoran
1 EL Petersilie, frisch gehackt
Salz
Schwarzer Pfeffer, frisch
Muskat
4 EL Speisestärke
2 EL Semmelbrösel
1 Msp. Natron
2 EL Senf
150 g pflanzlicher Käse (schmelzfähig)
80 g veganer Parmesan
100 g No-Muh Rac
1,6 l Gemüsebrühe
Frische Petersilie zum Garnieren

Brötchen mit einem Sägemesser würfeln, Zwiebeln abziehen und in feine Würfel schneiden.

Etwas Öl in einem Topf erhitzen und die Zwiebeln glasig dünsten.

Pflanzendrink, Majoran und Petersilie dazugeben und kurz aufkochen. Topf vom Herd nehmen, für etwa 5 Minuten abkühlen lassen. Mit Salz, Pfeffer und Muskat abschmecken.

Brötchenwürfel in eine große Schüssel geben und mit Stärke, Semmelbrösel, Natron, Senf und dem veganen Käse vermengen. Die abgekühlte Pflanzendrinkmischung darüber gießen und alles vorsichtig miteinander vermengen.

Aus der Masse flache Knödel formen und in einer Pfanne mit etwas Öl anbraten.

Vorbereitete Brühe aufkochen und in einem tiefen Suppenteller mit den gebratenen Knödeln servieren. Mit frisch gehackter Petersilie garnieren.

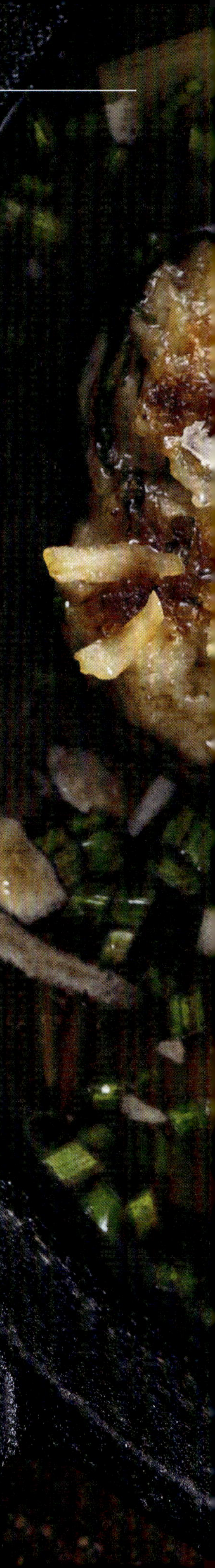

KASPRESSKNÖDELSUPPN-INTERPRETATION

KÄSESUPPE, KASPRESSKNÖDEL, MOSAIK VOM WURZELGEMÜSE

KÄSESUPPE

Kartoffel waschen, schälen und danach mit einer Küchenreibe fein raspeln. Zwiebel abziehen und fein würfeln.

Zwiebeln mit der Margarine in einem Topf farblos anschwitzen und mit Weißwein ablöschen. Brühe und die Kartoffeln hinzufügen und ca. 10 Minuten kochen.

Nun die restlichen Zutaten dazugeben und mit einem Stabmixer ordentlich pürieren. Die Suppe noch ein paar Minuten weiter köcheln lassen und dann nach Gusto abschmecken.

MOSAIK

Sellerie und Karotten schälen und in 5 mm dicke Rauten schneiden. In Gemüsebrühe für 3 Minuten kochen und in Eiswasser abschrecken.

Lauch waschen, in Streifen schneiden, kurz blanchieren und ebenfalls im Eiswasser abschrecken.

Den Lauch mit Hilfe eines Anrichte-Rings in Form bringen und das Mosaik in der Mitte platzieren. Das Mosaik in der Tiefkühltruhe für ca. 20 Minuten frosten.

Die Gemüsebrühe erneut aufkochen und mit Agartine 1 Minute köcheln. Kurz abkühlen lassen und vorsichtig über das Mosaik gießen. Das fertige Mosaik ca. 1 Stunde im Kühlschrank abkühlen lassen.

Kaspressknödel nach Rezept von S. 104 zubereiten. Mosaik in einem tiefen Suppenteller anrichten und einen Kaspressknödel darauf platzieren. Käsesuppe ganz zum Schluss angießen.

ZUTATEN FÜR 4 PERSONEN

KÄSESUPPE

1 große Kartoffel, mehligkochend
1 Zwiebel
50 g Margarine
100 ml Weißwein
1 l Gemüsebrühe
200 g veganer Schmelzkäse
80 g veganer Parmesan
80 g No-Muh Rac Käse
1 Msp. Kümmel
1 Msp. Pfeffer
1 EL Salz
120 g Mandel-Sauerrahm

KASPRESSKNÖDEL

Rezept S. 104

MOSAIK

50 g Sellerie
50 g Karotten (gelb, orange oder lila)
1 Stange Lauch
500 ml Gemüsebrühe
1 EL Agartine

TOMATENSUPPE ALLA NONNA

ZUTATEN FÜR 4 PERSONEN

700 g frische Tomaten
500 g Tomaten passiert aus der Dose
3 Zwiebeln
4 Knoblauchzehen
4 EL Olivenöl
1 TL Reissirup
1 Zweig Thymian
1 Zweig Rosmarin
½ l Gemüsebrühe
Meersalz
Schwarzer Pfeffer, frisch
einige Basilikumblätter
frisch geriebener veganer Parmesan

Wasser in einem Topf zum Kochen bringen. Die Tomaten kurz ins kochende Wasser legen, wieder entnehmen und die Haut abziehen, den Stielansatz herausschneiden und anschließend vierteln. Mit einem Mixer die Tomaten und die Dosentomaten fein mixen.

Zwiebeln und den Knoblauch abziehen und fein würfeln.

Öl in einem Kochtopf erhitzen, Zwiebeln und Knoblauch glasig anbraten.

Die gemixten Tomaten zusammen mit Gewürzen und Kräutern gründlich vermischen, mit Gemüsebrühe aufgießen und zugedeckt bei mittlerer Hitze ca. eine Stunde köcheln lassen.

Die Suppe mit Reissirup abschmecken und evtl. mit Salz und Pfeffer nachwürzen. Die Suppe auf Teller verteilen und mit den in Streifen geschnittenen Basilikumblättern garnieren.

Je nach Belieben kann noch frisch geriebener veganer Parmesan darauf gegeben werden.

rustikal

TOMATEN-MANGO-SUPPE

AN TOMATEN-RELISH MIT TOMATENFOLIE UND TOMATENKNUSPER

ZUTATEN FÜR 4 PERSONEN

TOMATENSUPPE
700 g frische Tomaten
500 g Tomaten passiert aus der Dose
1 reife Mango
3 Zwiebeln
4 Knoblauchzehen
4 EL Olivenöl
1 TL Reissirup
1 Zweig Thymian
1 Zweig Rosmarin
½ Liter Gemüsebrühe
Meersalz
Schwarzer Pfeffer, frisch

TOMATEN-RELISH
150 g reife Tomaten
40 g Zwiebeln
2 Knoblauchzehen
1 Msp. Chilischote
1 EL Olivenöl
1 TL Tomatenmark
1 EL Rotweinessig
1 EL gehacktes Basilikum
1 EL Balsamessig
Salz
Schwarzer Pfeffer, frisch
1 TL Wonig (Honig-Alternative)

TOMATENFOLIE
500 ml Tomatensaft
250 ml Lemon Squash von Roses
250 ml Wasser
1 Msp. Citras von Ferran Adria
1 Msp. Rote-Bete-Pulver
40 g Elastic von Sosa

TOMATEN-KNUSPER
5 Tomaten
Meersalz
1 TL Peta Zeta/Knisterbrause

TOMATENSUPPE

Wasser in einem Topf zum Kochen bringen. Die Tomaten kurz ins kochende Wasser legen, wieder entnehmen und dann die Haut abziehen, den Stielansatz herausschneiden und anschließend vierteln.

Die Mango schälen, entsteinen und in Würfel schneiden. Frische Tomaten, Dosentomaten und die Mango in einen Mixer geben und fein pürieren, so dass keine Tomatenstückchen mehr zu sehen sind.

Zwiebeln und Knoblauch abziehen und in feine Würfel schneiden. Öl in einem Kochtopf erhitzen und die Zwiebel- und Knoblauchwürfel darin glasig anbraten.

Die Tomaten-Mango-Mischung sowie Gewürze und Kräuter hinzufügen und gründlich vermischen, mit Gemüsebrühe aufgießen und zugedeckt bei mittlerer Hitze ca. eine Stunde köcheln lassen. Anschließend die Suppe mit Reissirup abschmecken und evtl. mit Salz und Pfeffer nachwürzen.

TOMATEN-RELISH

Tomaten fein würfeln, Zwiebeln und Knoblauch abziehen und fein hacken. Die Chilischote waschen und ebenfalls fein hacken. Danach alle Zutaten miteinander vermengen. Die restlichen Zutaten verrühren und mit den Tomaten-Zwiebel-Würfeln vermengen.

TOMATENFOLIE

Alle Zutaten bis auf das Elastic-Pulver in einen Topf geben und aufkochen. Das Elastic-Pulver in den kochenden Sud einrühren, vom Herd nehmen und auskühlen lassen. Die Masse auf ein Blech gießen und 2 Stunden kalt stellen. Das fertige Gelee anschließend in 10 × 10 cm große Quadrate schneiden.

TOMATENKNUSPER

Tomaten dünn aufschneiden und im Dörrautomat 1 Tag trocknen lassen. Danach mit etwas Meersalz im Mixer grob zerkleinern und mit Peta Zeta mischen.

Tomatensuppe in einem Glas anrichten. Tomatenfolie auf einem Teller vorsichtig platzieren. Aus dem Relish Nocken formen oder in einem Ring anrichten und mit dem Tomatenknusper als Topping servieren.

Tipp: Statt Citras von Ferran Adrian und Elastic von Sosa können 3 Blatt Agar Agar oder 1 Päckchen Agartine verwendet werden. Die Elastizität ist mit diesen Alternativen etwas geringer.

MINESTRONE ALLA GENOVESE

ZUTATEN FÜR 4 PERSONEN

150 g Orecchiette
1 großer Stiel Basilikum
1 Bund krause Petersilie
200 g Räuchertofu
2 EL Olivenöl
1 große Zwiebel
1 Knoblauchzehe
2 l Gemüsebrühe
2 Möhren
1 Stange Staudensellerie
1 Zucchini
2 festkochende Kartoffeln
100 g grüne Bohnen
100 g junge Erbsen
2 große Tomaten
100 g weiße Bohnen (Dose)
125 ml Weißwein
Oregano
Salz
Schwarzer Pfeffer, frisch
Pesto und veganer Parmesankäse (optional)

Die Orecchiette nach Packungsanweisung kochen. Kräuter abzupfen und fein schneiden.

Den Räuchertofu fein würfeln und in einem großen Topf mit heißem Öl anbraten. Zwiebel und Knoblauch abziehen und fein würfeln, zum Räuchertofu geben und bei mittlerer Hitze glasig andünsten. Kräuter dazugeben, die Brühe angießen und 30 Minuten köcheln lassen.

Möhren und Sellerie schälen. Möhren, Zucchini und Sellerie in Scheiben schneiden, die Kartoffeln ebenfalls schälen und grob würfeln. Die grünen Bohnen halbieren. Das Gemüse in die Brühe geben und offen köcheln lassen: Zuerst die Möhren hinzugeben, danach Kartoffeln und Sellerie, Zucchini, grüne Bohnen, Erbsen und Tomaten.

Zugedeckt weitere 20 Minuten leicht köcheln lassen. Ganz zum Schluss die weißen Bohnen und die Orecchiette dazugeben. Den Eintopf nach Belieben mit Wein abschmecken. Kräftig mit Salz, Pfeffer und Oregano würzen. Die fertige Minestrone mit Pesto und veganem Parmesan servieren (optional).

rustikal

WURZELGEMÜSE-TORTELLINI

IN TOMATEN-CONSOMMÉ MIT MANDEL-PARMESAN-ESPUMA AN WEISSE-BOHNEN-HUMMUS-CIABATTA

ZUTATEN FÜR 4 PERSONEN

TOMATEN-CONSOMMÉ
1 Zwiebel
800 g Tomaten
4 schwarze Pfefferkörner
½ EL getrockneter Estragon
1 Lorbeerblatt
Salz
1 Prise Rohrzucker
1 l Gemüsebrühe

TORTELLINI
Nudelteig (Rezept S. 53)
Mehl zum Ausrollen

FÜLLUNG
1 Knoblauchzehe
Neutrales Pflanzenöl
1 Zweig Rosmarin
250 g geschmortes Wurzelgemüse
1 EL mediterranes Pizzagewürz
1 EL Paniermehl
Grüner Pfeffer, eingelegt in Lake

ESPUMA
300 ml Mandeldrink
100 ml aufschlagbare vegane Sahne
200 g veganer Parmesan, gerieben
1 Prise Salz
1 Prise Kurkuma
1 TL Sojalecithin

HUMMUS
2 Knoblauchzehen
240 g weiße Riesenbohnen
2–3 EL Tahini
½ Zitrone
6 EL Olivenöl
½ TL Kreuzkümmel
Salz

4 Scheiben Ciabatta

TOMATEN-CONSOMMÉ

Die Zwiebel abziehen, halbieren und mit allen anderen Zutaten kalt in einen Topf geben. Langsam erwärmen, damit der volle Geschmack der Tomate in die Consommé übergeht. Consommé ca. 3 Stunden auf kleiner Hitze ziehen lassen, sie darf nicht kochen! Im Anschluss durch ein Sieb oder ein Tuch passieren und nochmals kurz in einem Topf erhitzen.

FÜLLUNG

Knoblauch abziehen und mit etwas Öl in einer Pfanne rösten. Rosmarin vom Zweig zupfen und mit einem Messer fein hacken. Das Wurzelgemüse mit Knoblauch, Rosmarin, Paniermehl und den Gewürzen in einer Küchenmaschine zerkleinern und miteinander vermengen.

TORTELLINI

Den Nudelteig nach Rezept von S. 53 zubereiten, dünn auf einer bemehlten Arbeitsfläche ausrollen und in 6 × 6 cm große Quadrate schneiden. Mit dem Wurzelgemüse füllen, den Teig in der Mitte zusammenklappen und mit den Fingern etwas andrücken. Nun zu Tortellini zusammen drehen und in gesalzenem Wasser für 4–5 Minuten al dente kochen.

ESPUMA

Alle Zutaten miteinander in einem Topf erhitzen und köcheln lassen bis sich der Parmesan aufgelöst hat. Im Anschluss durch ein sehr feines Sieb passieren und dann in den Isi-Sahnespender füllen. Sahnespender mit 1 Sahnekapsel füllen, ordentlich schütteln und bis zum anrichten im Kühlschrank aufbewahren.

HUMMUS

Den Backofen auf 180 °C Umluft vorheizen. Knoblauchzehen mit Schale ca. 15 Minuten im Ofen rösten und anschließend aus der Schale drücken. Bohnen abgießen und mit klarem Wasser abspülen. Danach Bohnen, Tahini, Zitronensaft, 4 EL Olivenöl und Knoblauch mit etwas Wasser fein pürieren. Mit Kreuzkümmel und Salz abschmecken.

Ciabatta in einer Grillpfanne mit 2 EL Olivenöl rösten, mit dem Hummus großzügig bestreichen und mit Zitronensaft beträufeln.

Tortellini in einem tiefen Teller anrichten und die Espuma darauf geben. Die heiße Consommé in den Teller geben und das Ciabatta dazu servieren.

GESCHMORT & GEBRATEN

SCHWÄBISCHER ZWIEBELROSTBRATEN

MIT GRÜNEN BOHNEN UND BRATKARTOFFELN

ZUTATEN FÜR 4 PERSONEN

ROSTBRATEN
8 Soja Big Steaks
1 l Gemüsebrühe
2 Knoblauchzehen
2 EL Öl
2 EL Margarine
2 Zweige Rosmarin
2 Zweige Thymian
1,5 Liter Zwiebelsoße (Rezept S. 47)

BOHNEN
600 g grüne Bohnen
1 Zwiebel
2 Knoblauchzehen
150 g Räuchertofu
2 EL neutrales Pflanzenöl
1 TL Thymian
1 Prise Bohnenkraut
Salz
Schwarzer Pfeffer, frisch

BRATKARTOFFELN
2 Zwiebeln
2 Knoblauchzehen
150 g Räuchertofu
600 g Kartoffeln, festkochend
Neutrales Pflanzenöl zum Braten
1 TL Thymian
1 Prise Bohnenkraut
Salz
Schwarzer Pfeffer, frisch

ROSTBRATEN

Die Soja Big Steaks für ca. 30 Minuten in Gemüsebrühe kochen. Aus der Brühe entnehmen und die überschüssige Flüssigkeit auspressen.

Knoblauch mit dem Handballen etwas andrücken und die Schale abziehen.

Die Steaks nun in etwas Öl und Margarine mit Rosmarin, Thymian und Knoblauch kräftig anbraten. Zum Abschluss mit der vorbereiteten Zwiebelsoße nach Rezept von S. 47 ablöschen und für 15 Minuten leicht köcheln lassen.

BOHNEN

Die grünen Bohnen putzen, waschen und in ausreichend Salzwasser für ca. 9 Minuten kochen. Danach in Eiswasser abschrecken oder sofort weiterverarbeiten.

Zwiebel und Knoblauch abziehen und in feine Würfel schneiden, Räuchertofu ebenfalls würfeln. Zwiebel und Räuchertofu in einer heißen Pfanne mit Öl anbraten. Bohnen dazugeben und mit Thymian, Bohnenkraut und Knoblauch kräftig durchschwenken. Nach Geschmack mit Salz und Pfeffer abschmecken.

BRATKARTOFFELN

Zwiebeln und Knoblauch abziehen und in feine Würfel schneiden, den Räuchertofu ebenfalls würfeln.

Kartoffeln waschen und in ausreichend Salzwasser gar kochen, danach pellen und in Scheiben schneiden. Diese mit reichlich Öl in einer heißen Pfanne anbraten.

Räuchertofu und Zwiebeln dazugeben und mit Kräutern und Knoblauch kräftig durchschwenken. Alles zusammen bis zur gewünschten Knusprigkeit anbraten, nach Geschmack mit Salz und Pfeffer abschmecken.

rustikal

ZWIEBELSTEAK

AUF KARTOFFEL-LAUCH-STAMPF MIT BOHNEN-CASSOLETTE AN ZWIEBELJUS

ZUTATEN FÜR 4 PERSONEN

500 g Möhren
2 Zwiebeln
2 Knoblauchzehen
100 g grüne Bohnen
250 g weiße Bohnen
50 g Räuchertofu
500 g Soja Big Steaks
2–3 EL neutrales Pflanzenöl
½ l Gemüsebrühe
500 g stückige Tomaten aus der Dose
Salz
Schwarzer Pfeffer, frisch
Paprika, edelsüß
1 TL Zucker
2 EL Weißweinessig
½ Bund Petersilie

KARTOFFEL-LAUCH-STAMPF

½ Stange Lauch
2 EL Öl
1 Prise Zucker
Salz
Schwarzer Pfeffer, frisch
Kartoffelpüree (Rezept S. 53)

ZWIEBELSOSSE

1 l (Rezept S. 47)

BOHNEN-CASSOLETTE

Möhren waschen und schälen, danach in Würfel schneiden. Zwiebeln und Knoblauch abziehen und beides in feine Würfel schneiden. Grüne Bohnen waschen, putzen und in einem Topf mit reichlich Salzwasser gar kochen. Danach abgießen und in Eiswasser abschrecken. Weiße Bohnen in einem Sieb abspülen und abtropfen lassen. Räuchertofu fein würfeln.

ZWIEBELSTEAK

Soja Big Steaks ca. 15–20 Minuten in ca. 4 Liter heißer Gemüsebrühe köcheln bis die gewünschte Konsistenz erreicht ist, absieben und mit den Händen kräftig ausdrücken. Mit Salz und Pfeffer einreiben. Öl in einem Bräter erhitzen. Die Big Steaks darin rundherum kräftig anbraten. Den Backofen auf 180 °C Umluft vorheizen.

Big Steaks herausnehmen. Räuchertofu, Möhren, Zwiebeln und Knoblauch in heißem Bratfett anbraten. Mit ½ l Gemüsebrühe sowie Tomaten ablöschen und aufkochen. Mit Salz, Pfeffer, Paprika, 1 TL Zucker und Essig würzen.

Weiße Bohnen und Big Steaks in den Bräter dazugeben und im heißen Backofen ca. 1 Stunde schmoren.

Zum Ende die grünen Bohnen hinzugeben und kurz mitschmoren lassen.

Petersilie waschen, trocken schütteln und fein hacken. Bohnen-Cassolette mit Salz, Pfeffer, Paprika abschmecken und die Petersilie unterrühren.

KARTOFFEL-LAUCH-STAMPF

Den Lauch halbieren und mit reichlich Wasser waschen, danach in Würfel schneiden. Lauch in einer Pfanne mit etwas Öl anbraten. Zucker dazugeben und leicht karamellisieren lassen.

Lauch mit etwas Salz und Pfeffer abschmecken und mit dem vorbereiteten, noch warmen Kartoffelpüree nach Rezept von S. 53 vermengen.

Zum Anrichten Kartoffel-Lauch-Stampf in eine Schale geben und das Bohnen-Cassolette darauf anrichten. Big Steaks darauf drapieren und mit der vorbereiteten Zwiebelsoße nach Rezept von S. 47 servieren.

SELLERIE-KRUSTENBRATEN

MIT KNÖDEL UND BLAUKRAUT AN SCHWARZBIERSOSSE

BRATEN

Backofen auf 180 °C Ober-/Unterhitze vorheizen. Für den Braten Schalotte und Knoblauch abziehen und halbieren. Möhren in grobe Würfel schneiden, Sellerie waschen und den Strunk abschneiden.

Sellerie in rautenförmigem Muster einschneiden und zusammen mit Schalotten, Karotte und Knoblauch in einem Bräter rundum mit Öl und Margarine anbraten. Puderzucker darüber geben und mit Tomatenmark anrösten. Mit Rotwein ablöschen, die Bratensoße dazu geben und mit Salz und Pfeffer würzen. Agavendicksaft, Schwarzbier und Rosmarin in den Bräter geben und alles im Ofen bei 180 °C 40–50 Minuten schmoren.

Den Sellerie immer wieder mit dem Fond begießen, bis sich eine schöne Kruste bildet.

KNÖDEL

Zwiebel abziehen, in Würfel schneiden und mit etwas Öl in einem Topf glasig dünsten. Pflanzendrink hinzugeben und mit Salz, Pfeffer und Muskat würzen. Gewürzten Pflanzendrink einmal aufkochen und für ca. 10 Minuten abkühlen lassen.

Altbackene Brötchen in Würfel schneiden und die Petersilie fein hacken. Petersilie und Kartoffelstärke vermengen. Gewürzte »Milch« dazugeben und alles miteinander vermengen. Für mehr Bindung die Semmelbrösel hinzugeben und anschließend abgedeckt 10 Minuten quellen lassen.

Mit befeuchteten Händen 8 Knödel formen und reichlich Salzwasser zum Kochen bringen. Hitze auf niedrige Stufe stellen und die Knödel 15–20 Minuten sieden lassen, bis sie an der Oberfläche schwimmen.

BLAUKRAUT

Das Gewürzsäckchen mit warmem Wasser gründlich auswaschen und mit den Gewürzen füllen. Danach fest verschließen und für später bereit halten.

Den Rotkohl vierteln und mit einer Mandoline oder der Küchenmaschine in Streifen hobeln.

Zucker in einem Topf vorsichtig karamellisieren. Mit Orangensaft, Apfelsaft, Apfelessig, Rotwein, Madeira und Portwein ablöschen, Gewürzsäckchen zugeben und etwas einköcheln lassen.

Die heiße Marinade nun über den geschnittenen Rotkohl geben, kräftig einmassieren und über Nacht ziehen lassen.

Den Fond am nächsten Tag auffangen und mit Johannisbeergelee zum Sirup einkochen.

Zwiebel abziehen und in feine Streifen schneiden. Äpfel entkernen und mit einer Küchenreibe fein reiben. Zwiebelstreifen mit Zwiebelschmalz in einem großen Topf anschwitzen, marinierten Rotkohl sowie Äpfel zugeben und würzen.

Rotkohl einmal aufkochen lassen und danach bei kleiner Hitze ca. 30 Minuten köcheln lassen. Anschließend im Ofen bei 180 °C Umluft für ca. 50 Minuten zugedeckt weich dünsten. Zum Schluss noch mit Sirup, Salz und Pfeffer abschmecken.

Rotkohl und Knödel gemeinsam anrichten. Sellerie in Scheiben schneiden, dazugeben und mit Schwarzbiersoße servieren.

rustikal

ZUTATEN FÜR 4 PERSONEN

BRATEN
150 g Schalotten
3 Knoblauchzehen
150 g Möhren
1,5 kg Sellerie
Neutrales Öl zum Anbraten
Margarine zum Anbraten
Salz
Pfeffer
1 TL Puderzucker
1 EL Tomatenmark
150 ml Rotwein, trocken
1 l Bratensoße (Rezept S. 44)
3 EL Agavendicksaft
200 ml Schwarzbier
2 Zweige Rosmarin
3 Stiele Rosmarin

KNÖDEL
1 Zwiebel
Neutrales Öl zum Anbraten
350 ml Pflanzendrink
1 TL Salz
Pfeffer
½ TL Muskat, gerieben
500 g altbackene Brötchen
30 g glatte Petersilie
3 EL Kartoffelstärke
5 EL Semmelbrösel

ROTKRAUT-MARINADE
1 Gewürzsäckchen aus Leinen
4 Wacholderbeeren
3 Nelken
6 Pfefferkörner
1 Lorbeerblatt
1 kleine Zimtstange

BLAUKRAUT
400 g Rotkohl
20 g Zucker
200 ml Orangensaft
100 ml Apfelsaft
50 ml Apfelessig
200 ml Rotwein, lieblich
100 ml Madeira
100 ml Portwein
3 EL Johannisbeergelee
1 Zwiebel
2 geschälte, fein geriebene Äpfel
(am besten Boskoop)
50 g Zwiebelschmalz
Salz
Schwarzer Pfeffer, frisch

GESCHMORTER SELLERIE

MIT KRÄUTER-MANDEL-KRUSTE AN BLAUKRAUT-TRAMEZZINI-ROULETTE MIT SALTED CARAMEL-BIERSOSSE

ZUTATEN FÜR 4 PERSONEN

MANDELKRUSTE
80 g Mandelstifte
Olivenöl
80 g Semmelbrösel
½ TL abgeriebene Zitronenschale
2 EL frisch gehackte Petersilie
Salz
Schwarzer Pfeffer, frisch

GESCHMORTER SELLERIE
Rezept S. 123

BLAUKRAUT-TRAMEZZINI
300 g Blaukraut (Rezept S. 123)
5 Scheiben Tramezzinibrot (z. B. aus dem Italienischen Feinkostgeschäft)
2 Knoblauchzehen
2 EL Margarine
2 Rosmarinzweige
Salz
schwarzer Pfeffer, frisch

SALTED CARAMEL-BIERSOSSE
1 L Schwarzbiersoße (aus dem Schmorvorgang des Selleries, Rezept. S. 123)
350 ml Kokosmilch, vollfett
80 g Kokosblütenzucker
½ TL Meersalz
1 TL Kokosöl
1 TL Vanilleextrakt

MANDELKRUSTE

Alle Zutaten in eine Küchenmaschine geben und mixen.

GESCHMORTER SELLERIE

Backofen auf 200 °C Umluft vorheizen. Geschmorten Sellerie nach Rezept von S. 123 zubereiten, die Schwarzbiersoße auffangen, den Sellerie in rechteckige Portionen schneiden und mit der Kräuter-Mandel-Kruste im Backofen kurz backen, bis die Kruste leicht gebräunt ist.

BLAUKRAUT-TRAMEZZINI

Blaukraut nach Rezept von S. 123 vorbereiten, im Sieb abtropfen lassen und die Flüssigkeit auspressen.

Die Tramezzini mit einem Nudelholz ausrollen und im Anschluss das Blaukraut über die gesamte Brotfläche verteilen.

Den Knoblauch abziehen und zur Seite stellen. Die Blaukraut-Tramezzini nun der Länge nach zusammenrollen und in der Pfanne Margarine zerlassen. Danach mit Knoblauch und dem Rosmarinzweig von allen Seiten in der Pfanne anrösten. Nach Belieben mit Salz und Pfeffer abschmecken.

SALTED CARAMEL-BIERSOSSE

Für die Soße die bei der Zubereitung des Selleries aufgefangene Schwarzbiersoße mit den anderen Zutaten in einen Topf geben und bei kleiner Hitze 40 Minuten köcheln lassen.

Tramezzini in 4 cm dicke Scheiben schneiden, Blaukraut zu einer Nocke formen und mit dem geschmorten Sellerie anrichten. Dazu die Schwarzbiersoße servieren.

UNGARISCHES GULASCH

ZUTATEN FÜR 4 PERSONEN

250 g Zwiebeln
3 Knoblauchzehen
1 kg Jackfruit aus der Dose
50 g Zwiebelschmalz
3 TL Paprikapulver, edelsüß
2 TL scharfes geräuchertes Paprikapulver (Pimentón Picante)
Salz
1 TL Kümmel
5 EL Tomatenmark
250 ml Gemüsebrühe
200 ml trockener Rotwein
3 rote Paprikaschoten (à 200 g)
Abrieb einer Zitrone
Zucker

Zwiebeln und den Knoblauch abziehen und beides in feine Würfel schneiden.

Jackfruit abgießen und abspülen. Danach auf ein mit Backpapier belegtes Blech geben und die Jackfruit für ca. 30 Minuten bei 170 °C Ober-/Unterhitze im Ofen backen.

Zwiebelschmalz in einer großen Pfanne erhitzen und Zwiebeln bei mittlerer Hitze glasig dünsten. Knoblauch mit dünsten.

Beide Paprikapulver zusammenmischen und unter die Zwiebeln rühren. Jackfruit in 2 Schritten unterrühren und bei mittlerer Hitze 5 Minuten braten, dabei häufig umrühren. Mit Salz und Kümmel würzen. Tomatenmark mit 250 ml kochend heißer Gemüsebrühe und Rotwein verrühren. Zur Jackfruit geben, zugedeckt aufkochen und bei mittlerer Hitze 1 Stunde schmoren.

Paprikaschoten vierteln, putzen und entkernen. Die Viertel in 3 cm große Stücke schneiden, unter die Jackfruit mischen und weitere 30 Minuten schmoren. Das Gulasch mit Zitronenabrieb, Salz und 1 Prise Zucker abschmecken. Dazu passen Salzkartoffeln.

GESCHMORTER SEITAN

AUF KNOBLAUCHPÜREE MIT UNDERGROUND-PAPRIKA-GEMÜSE

ZUTATEN FÜR PERSONEN

BRATEN
3 TL Paprikapulver
4 TL Knoblauchpulver
2 TL Oregano
Schwarzer Pfeffer, frisch
1 TL Salz
3 EL Hefeflocken
Prise Muskatpulver
Prise Curry
500 g Weizengluten-Pulver oder Seitan-Fix
500 ml kalte Gemüsebrühe
4 EL Worcestersoße
2 EL Sojasoße
3 EL Senf
50 g Zwiebelschmalz

SCHMORANSATZ
250 g Zwiebeln
3 Knoblauchzehen
2 Kartoffeln
3 rote Paprikaschoten (à 200 g)
5 EL Tomatenmark
1 TL Kümmel
3 TL edelsüßes Paprikapulver
2 TL scharfes geräuchertes Paprikapulver (Pimentón Picante)
200 ml trockener Rotwein
250 ml Gemüsebrühe
Zucker
Abrieb einer Zitrone

KNOBLAUCHPÜREE
Rezept S. 57

Alle Gewürze für den Seitanbraten mit dem Seitan-Pulver in einer großen Schüssel vermischen. Gemüsebrühe, Worcestersoße, Sojasoße sowie Senf hinzugeben und gut durchkneten, aus dem Teig eine große Kugel formen.

Seitan im Dampfkorb für ca. 45 Minuten dämpfen und im Anschluss mit Zwiebelschmalz in einem Bräter kross anbraten. Währenddessen Zwiebeln und Knoblauchzehen abziehen und in grobe Würfel schneiden, Kartoffeln schälen und ebenfalls in Würfel schneiden. Paprikaschoten vierteln, putzen und entkernen, dann klein schneiden.

Zwiebeln, Knoblauch, Kartoffelwürfel sowie Paprika mit in den Bräter geben und alles rundherum anbraten.

Mit Tomatenmark, Kümmel und Paprikapulver rösten und mit einem kräftigen, rubinfarbenen Rotwein ablöschen.

Gemüsebrühe hinzugeben und mindestens 30 Minuten auf kleiner Flamme köcheln lassen. Mit Zucker und Zitronenabrieb abschmecken.

Knoblauchpüree nach Rezept von S. 57 zubereiten und mit dem Gulasch in einem tiefen Teller servieren.

ZÜRCHER GESCHNETZELTES MIT RÖSTI

ZUTATEN FÜR 4 PERSONEN

GESCHNETZELTES
1 kleine Zwiebel
1 Bund Petersilie
250 g Champignons
600 g Sojaschnetzel
3 EL Margarine
1 EL Mehl
⅛ l Weißwein
200 g vegane Sahne
Salz
Schwarzer Pfeffer, frisch

RÖSTI
400 g vorwiegend festkochende Kartoffeln
2 EL Kartoffelstärke
Salz
Schwarzer Pfeffer, frisch
Muskat
Neutrales Pflanzenöl

Zwiebel abziehen und in feine Würfel schneiden. Petersilie waschen und im Anschluss fein hacken. Die Champignons säubern und danach vierteln.

Sojaschnetzel mit Margarine in einer hohen Pfanne oder einem beschichteten Topf anbraten. Zwiebeln und Champignons etwas mit anbraten und im Anschluss mit Mehl bestäuben. Mit dem Mehl ganz kurz anrösten und dann mit Weißwein ablöschen. Sahne hinzugeben, mit Salz und Pfeffer abschmecken.

Für das Rösti Kartoffeln schälen und mit einer Küchenreibe in eine Schüssel raspeln. Speisestärke hinzufügen und mit Salz, Pfeffer und Muskat würzen.

Danach mit feuchten Händen gut durchmischen und 4 Röstis daraus formen. In einer beschichteten Pfanne mit etwas Öl von beiden Seiten goldbraun ausbacken und das Geschnetzelte über die Röstis verteilen.

INVOLTINI

VOM SOJA-STEAK AUS DEM RIVANER-GEMÜSESUD MIT RÖSTI AUF SELLERIECREME AN OFENKAROTTE UND CHAMPIGNONSOSSE

ZUTATEN FÜR 4 GUTE ESSER

ROULADEN
8 Soja Big Steaks
4 l Gemüsebrühe
1 Möhre
1 Zwiebel
100 Räuchertofu
2 EL Senf
2 große Gewürzgurken
Außerdem: Küchengarn

SUD
1 Bund Suppengemüse
250 ml Rivaner Weißwein
1,5 L Gemüsebrühe
2 Nelken
1 Lorbeerblatt
1 Zweig Rosmarin

RÖSTI
Rezept S. 136

OFENKAROTTEN
400 g bunte Möhren
4 EL Agavendicksaft
2 EL Olivenöl
2 EL Senf
3 Zweige Thymian
1 TL Meersalz

SELLERIECREME
Rezept S. 55

CHAMPIGNONSOSSE
1 kleine Zwiebel
250 g Champignons
1 Bund Petersilie
3 EL Margarine
1 EL Mehl
Salz
Schwarzer Pfeffer, frisch
⅛ l Weißwein
200 g vegane Sahne

ROULADEN

Für die Zubereitung der Rouladen (Involtini) Soja Big Steaks ca. 15–20 Minuten in heißer Gemüsebrühe köcheln, bis die gewünschte Konsistenz erreicht ist. Absieben und mit den Händen kräftig ausdrücken. Möhre schälen und in Stifte schneiden, die Zwiebel abziehen und ebenfalls stiften. Den Räuchertofu ebenfalls in Stifte schneiden. Die Big Steaks mit Senf bestreichen und mit Möhrenstiften, Zwiebeln, Räuchertofu und Gewürzgurke belegen.

Zu Rouladen zusammenrollen und mit Küchengarn zusammenbinden.

SUD

Alle Zutaten in einen großen Topf geben und für ca. 15 Minuten mit den Involtini köcheln lassen. Involtini entnehmen und in einer Pfanne mit etwas Öl bei leichter Hitze anbraten.

OFENKAROTTEN

Den Backofen auf 180 °C Umluft vorheizen. Möhren waschen und mit den restlichen Zutaten in einer Schüssel marinieren. Möhren etwas abtropfen lassen, auf ein mit Backpapier belegtes Backblech geben und ca. 30 Minuten backen.

CHAMPIGNONSOSSE

Zwiebel abziehen und in feine Würfel schneiden. Champignons säubern und vierteln.

Zwiebeln und Champignons zu den Involtini in die Pfanne geben und etwas mitbraten. Im Anschluss mit Mehl bestäuben, kurz weiter rösten und mit Weißwein ablöschen.

Abschließend vegane Sahne dazugeben und mit Salz und Pfeffer abschmecken.

Rösti nach Rezept von S. 136 zubereiten. Die Selleriecreme nach Rezept von S. 55 zubereiten.

Die Selleriecreme mit einem Löffel auf den Teller geben, Involtini halbieren und auf der Selleriecreme anrichten. Rösti anlegen und mit Champignon Soße servieren.

SAUERBRATEN

MIT ENDIVIENSALAT UND BANDNUDELN

ZUTATEN FÜR 4 PERSONEN

SEITANBRATEN
3 TL Paprikapulver
4 TL Knoblauchpulver
2 TL Oregano
Schwarzer Pfeffer, frisch
1 TL Salz
3 EL Hefeflocken
1 Prise Muskatpulver
1 Prise Curry
500 g Seitanpulver oder Seitan-Fix
500 ml kalte Gemüsebrühe
4 EL Worcester Soße
2 EL Sojasoße
3 EL Senf

ESSIGBEIZE
700 ml Gemüsebrühe
450 ml veganer Rotweinessig
400 ml veganer Rotwein
2 Lorbeerblätter
3 Wacholderbeeren
3 Nelken
3 Zwiebeln
4 EL pflanzliches Öl
3 EL Tomatenmark
1 l Sauerbratensoße (Rezept von S. 46)

ENDIVIENSALAT
250 g Endiviensalat
½ Bund Schnittlauch
100 ml pflanzlicher Joghurt
3 EL Zitronensaft
Salz
Schwarzer Pfeffer, frisch
2 TL Zucker

NUDELTEIG
Rezept S. 53

SEITANBRATEN

Alle Gewürze mit dem Seitan-Pulver in einer großen Schüssel vermischen. Gemüsebrühe, Worcestersoße, Sojasoße und Senf hinzugeben und gut durchkneten. Aus dem Teig eine große Kugel formen.

ESSIGBEIZE

In einem großen Topf die Essigbeize vorbereiten. Dafür Gemüsebrühe, Rotweinessig und Rotwein miteinander vermengen. Lorbeerblätter, Wacholderbeeren und Nelken hinzugeben.

Zwiebeln schälen, vierteln und ebenfalls hinzugeben. Den Seitanbraten in die Marinade legen und ihn darin über Nacht marinieren lassen.

Am nächsten Morgen den Seitanbraten aus der Essigbeize nehmen und gut abtropfen lassen.

Öl in einer Pfanne erhitzen und den Braten von allen Seiten kross anbraten. Die Zwiebeln aus der Essigbeize hinzugeben und mit anbraten. Sobald der Seitanbraten rundherum gleichmäßig braun ist, kurz aus der Pfanne nehmen und beiseite stellen.

Tomatenmark in die Pfanne geben und kurz anrösten. Mit der vorbereiteten Sauerbratensoße nach Rezept von S. 46 ablöschen und den Seitanbraten zurück in die Pfanne geben.

4–5 Suppenkellen Essigbeize hinzugeben und einrühren. Für 2–3 Stunden auf kleiner Flamme köcheln lassen. Den Seitanbraten im Anschluss aus der Soße nehmen und in Scheiben schneiden, die Scheiben weitere 20 Minuten in der Soße ziehen oder leicht köcheln lassen.

ENDIVIENSALAT

Die Endivie waschen und Schnittlauch in feine Röllchen schneiden. Danach alle Zutaten miteinander vermengen und mit Salz und Pfeffer abschmecken.

NUDELN

Den vorbereiteten Nudelteig mit der Nudelmaschine auf ca. 0,8 mm Dicke in mehreren Durchgängen ausrollen. Zum Schluss in die gewünschte Breite schneiden und in ausreichend Salzwasser al dente kochen.

Sauerbraten mit den Nudeln anrichten und die Soße dazu geben. Den Endiviensalat separat in einer Schale dazu servieren.

rustikal

4 Tage Vorbereitung nötig!

ZUTATEN FÜR 4 PERSONEN

TOFU
400 g Räuchertofu
2 EL neutrales Pflanzenöl
1 l Sauerbratensoße
(Rezept S. 46)
40 ml Barolo

ESSIGBEIZE
700 ml Gemüsebrühe
450 ml veganer Rotweinessig
400 ml veganer Rotwein
2 Lorbeerblätter
3 Wacholderbeeren
3 Nelken
3 Zwiebeln

MÖHREN-TATAR
1 kg Möhren
20 ml neutrales Pflanzenöl
1 Lorbeerblatt
1 g Koriandersaat
1 g Sternanis

5 g Zitronenabrieb
10 g Salz
Saft einer Zitrone
Olivenöl
100 g veganer Parmesan

RAVIOLI
Dünn ausgerollter Pasta-Teig
(Rezept S. 53)

KARTOFFEL-ENDIVIEN-FÜLLUNG DER RAVIOLI
100 g Kartoffeln, mehligkochend
1 Schalotte
1 Knoblauchzehe
20 g Margarine
2 EL Olivenöl
30 g Rucola
30 g Endiviensalat
60 g veganer Parmesan,
gerieben
1 Prise Muskatnuss, gerieben
Salz
Schwarzer Pfeffer, frisch

»SALBEIBUTTER«
20 Salbeiblätter
200 g Margarine
Salz

SAUER EINGELEGTER RÄUCHERTOFU

AN ENDIVIEN-PETERSILIEN-RAVIOLI AUF MÖHREN-TATAR UND BAROLO-BALSAMICO-REDUKTION

TOFU

Räuchertofu mit etwas Öl in einer Pfanne anbraten. Die Essigbeize zubereiten, indem alle Zutaten in einer großen Schüssel zusammen gemischt werden. Zwiebeln abziehen, vierteln und zur Beize geben. Tofu für 4 Tage in der Essigbeize marinieren. Am Tag der Zubereitung den Tofu aus der Marinade entnehmen und in 4 Portionen unterteilen. Sauerbratensoße nach Rezept von S. 46 zubereiten. Tofu in der Sauerbratensoße für ca. 20 Minuten warm ziehen lassen. Ganz zum Schluss Barolo hinzufügen.

MÖHREN-TATAR

Möhren schälen und mit dem Pflanzenöl, den Gewürzen, ausgekratzter Vanilleschote, Zitronenabrieb und Salz in einem Sous-vide-Beutel vakuumieren. Bei 85 °C im Sous-vide-Becken ca. 30 Minuten garen. Die Möhren sollten noch al dente sein. Anschließend den Beutel direkt im Eiswasser abkühlen lassen. Kurz vor dem Servieren die benötigte Menge aus den Beuteln nehmen, die Gewürze entfernen und die kalten Möhren in 3 mm dicke Würfelchen schneiden.

In einem Topf mit Zitronensaft, Olivenöl und veganem Parmesan warm rühren.

RAVIOLI-FÜLLUNG

Kartoffeln schälen und in einem Topf mit Salzwasser gar kochen, abgießen und im Topf auf dem Herd gut ausdampfen lassen.

Währenddessen Schalotte und Knoblauch abziehen und in feine Würfel schneiden.

Margarine in einem separaten Topf schmelzen lassen und dann zu den aufgedampften Kartoffeln geben. Eine Prise Muskatnuss sowie ein wenig Salz zufügen und gut zerstampfen.

Eine große Pfanne erhitzen, Olivenöl hineingeben und die Schalotte glasig andünsten. Knoblauch, Rucola sowie Endiviensalat zufügen und unter Rühren zusammenfallen lassen. Mit Salz und Pfeffer würzen und etwas abkühlen lassen.

Die Endivien-Mischung nun auf ein Brett legen und sehr fein hacken. Sollte die Mischung zu wässrig sein, vorab mit einem Tuch ausdrücken. Die fein gehackte Endivien-Mischung zusammen mit dem geriebenen veganen Parmesan unter den Kartoffelstampf rühren und mit Salz, Pfeffer und Muskat abschmecken.

RAVIOLI

Einen Pasta-Streifen auf die gut bemehlte Arbeitsfläche legen und 1 TL der Füllung mittig auf den Streifen mit ca. 1 cm Abstand zum Rand platzieren. Sobald die gesamte Länge gefüllt ist, den Rand des Streifens mit etwas Wasser befeuchten und einen zweiten Pasta-Streifen als Deckel auflegen. Durch sanften Druck rund um die Füllung die Luft herauspressen und mit einem Messer ca. 7 cm große Quadrate schneiden.

»SALBEIBUTTER«

Den Salbei waschen, trocken tupfen und bei Bedarf die großen Blätter kleiner schneiden. In einer Pfanne die Margarine bei mittlerer Hitze schmelzen, die Salbeiblätter zugeben und knusprig braten.

Die Ravioli in kochendem Salzwasser ca. 2 Minuten gar kochen, dann tropfnass in die »Salbeibutter« legen, vorsichtig schwenken und die Ravioli anrichten. Beim Anrichten mit den knusprigen Salbeiblättern und etwas geriebenem Parmesan servieren.

Den eingelegten Tofu in drei Stücke unterteilen und auf einen großen Hauptgangteller geben. Möhrentatar in einen Anrichtering geben und die Ravioli darauf platzieren.

SÜSSKRAM

KÄSEKUCHEN

ZUTATEN FÜR 1 SPRINGFORM (26 CM)

KUCHENBODEN
225 g Mehl
125 g Zucker
1 Prise Salz
optional: 100 g gehackte Mandeln
1 TL Vanille-Extrakt
120 g vegane Butter (kalt)

CHEESECAKE FÜLLUNG
600 g veganer Quark
200 g Sojajoghurt
75 g Zucker
1 Päckchen Vanillepudding-pulver
2/3 TL Orangenschale
½ Zitrone ausgepresst
100 ml neutrales Pflanzenöl

Mehl, Zucker, Salz (und optional gehackte Mandeln) in eine Schüssel geben und vermischen. Vanille-Extrakt sowie kalte vegane Butter in Stückchen hinzugeben und alles zu einem Teig verkneten.

Eine Springform (26 cm Durchmesser) einfetten. Den Teig in die Backform drücken und dabei einen Rand bilden, anschließend in den Kühlschrank stellen.

Backofen auf 170 °C Ober-/Unterhitze vorheizen.

Für die Cheesecake-Füllung alle Zutaten mit einem Handmixer cremig rühren. Die Käsekuchencreme in der Springform auf dem Kuchenboden verteilen und glattstreichen.

Den Kuchen im vorgeheizten Ofen ca. 60–75 Minuten backen – zwischendurch mit einem Holzstäbchen testen, ob der Kuchen ausreichend ausgebacken ist. Backofen ausschalten und den Kuchen weitere 15 Minuten im Ofen mit leicht geöffneter Ofentür stehen lassen. Anschließend herausnehmen, komplett auskühlen lassen und für einige Stunden oder über Nacht in den Kühlschrank stellen, damit er fest wird.

rustikal

OOOPS, I DROPPED THE CHEESECAKE

ZUTATEN FÜR 4 PERSONEN

KUCHENBODEN
225 g Mehl
125 g Zucker
1 Prise Salz
optional: 100 g gehackte Mandeln
1 TL Vanille-Extrakt
120 g vegane Butter (kalt)

CHEESECAKE-FÜLLUNG
600 g veganer Quark
200 g Sojajoghurt
75 g Zucker
1 Päckchen Vanillepudding-Pulver
2/3 TL Orangenschale
½ Zitrone, ausgepresst
100 ml neutrales Pflanzenöl

DAZU
Vanillesoße (Rezept S. 62)
Puderzucker zum Bestreuen
Vanilleeis (Rezept S. 63)

Mehl, Zucker, Salz (und optional gehackte Mandeln) in eine Schüssel geben und vermischen. Vanille-Extrakt sowie kalte vegane Butter in Stückchen hinzugeben und alles zu einem Teig verkneten. Den Teig auf ein mit Backpapier belegtes Backblech drücken und in den Kühlschrank stellen.

Backofen auf 170 °C Ober-/Unterhitze vorheizen und den Teig für ca. 15 Minuten backen.

Für die Cheesecake-Füllung alle Zutaten mit einem Handmixer cremig rühren. Die Käsekuchencreme in gefettete Gläschen oder Muffinformen geben und im vorgeheizten Ofen ca. 20–25 Minuten backen. Backofen ausschalten und die Gläschen/Muffinformen bei leicht geöffneter Backofentür weitere 5–10 Minuten stehen lassen – dabei Ofentür leicht geöffnet lassen. Anschließend herausnehmen, komplett auskühlen lassen und für einige Stunden oder über Nacht in den Kühlschrank stellen, damit er fest wird.

Vanillesoße nach Rezept von S. 62 zubereiten, dann mit einem Löffel in die obere Hälfte des Tellers geben. Nun mit dem Löffelrücken in die Mitte der angerichteten Soße schlagen, damit sich die Soße unkontrolliert auf dem Teller verteilt – so als wäre sie herunter getropft.

Den Kuchenboden in verschieden große Stücke zerbrechen und auf der Vanillesoße anrichten. Den Cheesecake ebenfalls in grobe Stücke brechen und jeweils 2–3 Stücke auf den Kuchenboden legen. Mit Puderzucker bestreuen und mit Vanilleeis nach Rezept von S. 63 servieren.

LINZERTORTE

ZUTATEN FÜR
1 SPRINGFORM (26 CM)

TEIG
200 g Margarine
200 g Zucker
1 Packung Vanillezucker
150 g Haselnüsse gemahlen
1 EL Kakao
2 Msp. Glühweingewürz
300 g Dinkelmehl (Typ 630)
60 ml Wasser

BELAG
300 g Johannisbeergelee
Puderzucker

Außerdem: Margarine zum Einfetten der Springform

In einer Schüssel Margarine, Zucker und Vanillezucker schaumig schlagen.

Haselnüsse, Kakao und Glühweingewürz hinzugeben und kräftig verkneten. Mehl portionsweise hinzugeben und mit Wasser zu einem homogenen Teig kneten.

Eine Springform (26 cm Durchmesser) einfetten, ¾ vom Teig auf die Größe der Springform ausrollen und in die Form geben. Die Springform und den restlichen Teig für ca. 30 Minuten im Kühlschrank kaltstellen.

Backofen auf 200 °C vorheizen und den Teig mit Johannisbeergelee bestreichen. Dabei rundherum einen daumendicken Rand frei lassen. Den restlichen Teig ausrollen, mit einem Teigrad oder den Händen ca. 1 cm breite Bahnen formen und als Gitter auf Gelee und Rand legen. Am Rand leicht festdrücken. Die Linzertorte auf mittlerer Schiene im Ofen für 40–45 Minuten backen. Anschließend auskühlen lassen und mit Puderzucker bestreuen.

rustikal

LINZERTORTE RELOADED

ZUTATEN FÜR 4 LECKERE DESSERTS

TEIG
200 g Margarine
200 g Zucker
1 Packung Vanillezucker
150 g Haselnüsse gemahlen
1 EL Kakao
2 Msp. Glühweingewürz
300 g Dinkelmehl (Typ 630)
Wasser

SCHOKOLADENMOUSSE
200 g vegane Zartbitterschokolade (72% Kakaoanteil)
400 g Seidentofu
1 kleine Prise Salz
½ Päckchen Vanillezucker
1–2 TL Puderzucker (optional nach Geschmack)
1 TL Glühweingewürz
100 ml vegane Schlagsahne

JOHANNISBEER-GEL
1 Glas Johannisbeer-Marmelade
1 TL Agartine

TEIG

In einer Schüssel Margarine, Zucker und Vanillezucker schaumig schlagen. Haselnüsse, Kakao und das Glühweingewürz hinzugeben und kräftig verkneten. Mehl portionsweise hinzugeben und mit 60 ml Wasser zu einem homogenen Teig kneten.

Ein Blech mit Backpapier belegen und den Teig auf die Größe des Bleches ausrollen. Das Blech mit dem Teig ca. 30 Minuten im Kühlschrank kaltstellen.

Backofen auf 200 °C (Umluft) vorheizen und den Teig 25 Minuten backen.

MOUSSE

Schokolade mit einem Messer klein hacken und im Wasserbad schmelzen. Währenddessen den Seidentofu im Mixer fein pürieren und mit Salz, Vanillezucker, Puderzucker und Glühweingewürz vermengen.

Die vegane Schlagsahne in einer separaten Schüssel aufschlagen und kurz im Kühlschrank kalt stellen.

Die geschmolzene Schokolade und die Seidentofu-Masse miteinander angleichen, damit keine Schokoladen-Klümpchen entstehen. Dafür die Seidentofu-Masse löffelweise in die warme Schokolade geben und immer wieder verrühren. Abschließend die geschlagene Sahne vorsichtig unterheben.

JOHANNISBEER-GEL

Marmelade in einem Topf mit Agartine aufkochen. Danach auf ein Blech geben und für 20 Minuten im Kühlschrank gelieren lassen. Das Gelee in den Mixer geben und auf höchster Stufe 30 Sekunden glatt mixen.

Den gebackenen Teig in verschieden große Stücke zerkleinern und zusammen mit der Schokoladenmousse anrichten. Das Johannisbeer-Gel in eine Squeezeflasche geben und punktuell verteilen.

BANANEN SPLIT

ZUTATEN FÜR 4 EISBECHER

80 g Zartbitter-Orangen-Schokolade
500 ml vegane Schlagsahne
4 EL Mandelblättchen
4 reife Bananen
8 Kugeln Vanilleeis (Rezept S. 63)

Außerdem: ein Spritzbeutel mit Sterntülle

Schokolade grob hacken und mit 100 ml veganer Sahne in einem Topf erwärmen, bis die Schokolade geschmolzen ist. Beiseite stellen und lauwarm abkühlen lassen.

Mandelblättchen in einer Pfanne ohne Fett goldgelb rösten, auf einen Teller geben und ebenfalls abkühlen lassen.

Die restlichen 400 g Schlagsahne steif schlagen. Bananen längs halbieren und je zwei Hälften in eine Dessertschale legen.

Schlagsahne in einen Spritzbeutel mit Sterntülle geben und mittig auf die Bananen spritzen. Je zwei Eiskugeln nach Rezept von S. 63 daneben setzen. Schokoladensoße darüber geben und mit den Mandeln bestreut servieren.

rustikal

WELCOME TO BANANARAMA

ZUTATEN FÜR 4 PERSONEN

MARINIERTE BANANEN
3 Bananen
200 ml Bananensaft
30 g Passionsfruchtpüree

SCHOKOLADEN-MOUSSE
200 g vegane Zartbitterschokolade (72% Kakaoanteil)
400 g Seidentofu
100 ml vegane Schlagsahne
1 kleine Prise Salz
½ Päckchen Vanillezucker
1–2 TL Puderzucker (nach Geschmack)

BANANEN-PASSIONSFRUCHT-GEL
250 ml Bananensaft
65 g Passionsfruchtpüree
30 g Zucker
3 EL Agartine
3,25 g Gellan

KNUSPERBODEN
40 g Mandelsplitter
30 g Zartbitter Schokolade
75 g veganer Nuss-Nougat-Aufstrich
40 g Krokant

CRUMBLE
100 g Margarine
70 g Mehl
40 g Speisestärke
75 g Rohrzucker

VANILLEEIS
Rezept S. 63

MARINIERTE BANANEN
Die Bananen schälen und in schräge Stücke schneiden. Den Bananensaft und das Passionsfruchtpüree mischen und die Bananen darin 10 Stunden einlegen.

MOUSSE
Schokolade mit einem Messer klein hacken und in einer Schüssel im Wasserbad schmelzen. Währenddessen den Seidentofu im Mixer fein pürieren und mit Salz, Vanillezucker und Puderzucker vermengen.

Die vegane Schlagsahne in einer separaten Schüssel aufschlagen und kurz im Kühlschrank kalt stellen.

Danach die geschmolzene Schokolade und die Seidentofu-Masse miteinander angleichen, damit keine Schokoladen-Klümpchen entstehen. Dafür die Seidentofu-Masse löffelweise in die warme Schokolade geben und immer wieder verrühren. Abschließend die geschlagene Sahne vorsichtig unterheben.

BANANEN-PASSIONSFRUCHT-GEL
Alle Zutaten miteinander aufkochen und auf einem Backblech abkühlen lassen. Danach in einen Mixbecher geben und mit einem Pürierstab zu einem glatten Gel mixen.

KNUSPERBODEN
Die Mandeln anrösten. Danach die Schokolade und die Nuss-Nougat-Creme schmelzen und mit Mandeln und Krokant mischen. Alles flach auf ein Backblech streichen, abkühlen lassen und runde Kreise mit ungefähr 4 cm Durchmesser ausstechen.

CRUMBLE
Den Backofen auf 180 °C Ober-/Unterhitze vorheizen. Alle Zutaten miteinander verkneten und ca. 25 min backen.

Den ausgestochenen Knusperboden auf einem Teller anrichten, Mousse zu einer Nocke formen und darauf setzen. Die marinierte Banane drum herum platzieren und das Bananen-Passionsfrucht-Gel mit einer Squeezeflasche in Punkten auf den Teller spritzen. Crumble darüber geben und mit einer Kugel Vanilleeis nach Rezept von S. 63 servieren.

TIROLER APFELSTRUDEL

ZUTATEN FÜR EINEN GROSSEN STRUDEL

300 g Mehl
2 TL Backpulver
200 g Margarine, zimmerwarm
100 g Puderzucker
3 EL Apfelmus
1 Zitrone
2 Vanilleschoten
700 g Äpfel
50 g Marzipan
60 g Zucker
50 g Rosinen
60 g Semmelbrösel
40 g Pinienkerne
2 EL Rum
2 TL Zimt
½ Tonkabohne
20 ml Sojadrink
Puderzucker zum Bestreuen
Vanillesoße (Rezept S. 62)

Mehl und Backpulver in eine Schüssel geben. Eine kleine Mulde in das Mehl drücken und Margarine in Stückchen hinzugeben. Puderzucker, Apfelmus, den Abrieb einer halben Zitrone und das Mark einer Vanilleschote hinzugeben. Alles zu einem glatten Teig verkneten, in Frischhaltefolie wickeln und für 1,5 Stunden kalt stellen.

Äpfel in schmale Scheiben schneiden und Marzipan zerbröseln, beides in eine Schüssel geben. Zucker, Rosinen, Semmelbrösel, Pinienkerne, Rum, Zimt und den Abrieb einer halben Tonkabohne ebenso hinzufügen. Den Abrieb der zweiten Zitronenhälfte und Mark der zweiten Vanilleschote ebenfalls hinzugeben und alles gründlich vermengen.

Den Backofen auf 175 °C vorheizen (Umluft). Den Teig aus dem Kühlschrank entnehmen und auf einer bemehlten Fläche zu einem ca. 30 × 40 cm großen Rechteck ausrollen. Anschließend auf ein mit Backpapier ausgelegtes Backblech geben.

Die Apfelmasse längs auf das mittlere Drittel des ausgerollten Teiges geben. Äußere Drittel darüber schlagen und die kurzen Enden mit einer Gabel andrücken. Mit Sojadrink bestreichen und für ca. 30–40 Minuten backen. Den Strudel auskühlen lassen, mit Puderzucker bestreuen und mit Vanillesoße nach Rezept von S. 62 servieren.

TIROLER APFELSTRUDEL

NEU INTERPRETIERT

ZUTATEN FÜR 4 PERSONEN

TEIG UND FÜLLUNG

50 g Margarine
25 g Semmelbrösel
2 säuerliche Äpfel
1 Zitrone
1 TL gemahlener Zimt (optional)
15 g Zucker
1 Pkt. Vanillezucker
1 Handvoll Nüsse (z. B. Haselnüsse oder Walnüsse)
1 Packung Filo-/Yufkateig
Margarine zum Bestreichen
Puderzucker zum Bestreuen

APFELSALAT

2 säuerliche Äpfel
50 g Margarine
1 Zitrone
1 TL gemahlener Zimt
15 g Zucker
1 Pkt. Vanillezucker
30 ml Weißwein

AUSSERDEM

Muffinformen

Margarine in einer Pfanne zerlassen, Semmelbrösel darin unter Rühren hellbraun anrösten.

Äpfel waschen, entkernen und würfeln, in eine Schüssel geben und mit dem Saft einer Zitrone beträufeln. Dann Zimt, Zucker, Vanillezucker und die grob gehackten Nüssen vermengen.

Backofen auf 160 °C Umluft vorheizen. Die Teigblätter aus der Packung nehmen und entfalten. Einmal waagerecht und senkrecht teilen, so dass quadratische Stücke in der Größe von 10 × 10 cm entstehen.

Teigblätter mit etwas zerlassener Margarine bestreichen. Je drei Quadrate etwas versetzt zusammensetzen und vorsichtig in die Mulde der Muffinformen einlegen. Die Teigecken dabei etwas über den Förmchenrand überlappen lassen.

Nun die Semmelbrösel mit der Apfel-Nuss-Mischung vermengen und in die Förmchen füllen. Die überlappenden Teigecken vorsichtig hochziehen, zu einem Säckchen formen und mittig ein wenig zusammendrücken. Mit zerlassener Margarine bepinseln und dann im Backofen ca. 15 Minuten goldbraun backen.

APFELSALAT

Äpfel waschen, entkernen und würfeln. Margarine in einer Pfanne zerlassen, gewürfelte Äpfel darin hellbraun anrösten, dabei ab und zu umrühren, damit sie nicht anbrennen. Dann Zimt, Zucker und Vanillezucker hinzufügen. Mit Weißwein ablöschen und kurz köcheln lassen.

Den Apfelsalat noch warm auf einem Teller anrichten und die Apfelsäckchen darauf geben. Zum Abschluss mit Puderzucker bestreuen.

KAISERSCHMARRN

ZUTATEN FÜR 4 PERSONEN

750 ml Sojadrink
400 g Mehl Type 405
5 EL Zucker
1 Päckchen Vanillezucker
1 Päckchen Backpulver
6 EL Margarine
2 EL brauner Zucker
2 cl Zwetschgenbrand
Puderzucker

Alle Zutaten außer Margarine, braunem Zucker, Zwetschgenbrand und Puderzucker miteinander zu einem glatten Teig verrühren.

Margarine in einer Pfanne erwärmen, dann die Hälfte des Teiges hinzugeben und von einer Seite anbräunen. Mit einem Pfannenwender den Teig in kleine Stücke reißen und weiter anbraten, bis alle Stücke goldbraun sind.

Mit braunem Zucker bestreuen, etwas karamellisieren lassen und mit Zwetschgenbrand flambieren. Danach den restlichen Teig wie zuvor in der Pfanne braten.

Den Kaiserschmarrn mit Puderzucker bestäuben und servieren.

rustikal

KAISERSCHMARRN MY WAY

ZUTATEN FÜR 4 PERSONEN

KAISERSCHMARRN-PANCAKES
750 ml Sojadrink
400 g Mehl Type 405
5 EL Zucker
1 Päckchen Vanillezucker
1 Päckchen Backpulver
6 EL Margarine
2 EL brauner Zucker
2 cl Zwetschgenbrand
Puderzucker

ZWETSCHGEN-GEL
250 ml Zwetschgensaft
65 g Passionsfruchtpüree
30 g Zucker
3 EL g Agartine
3,25 g Gellan

SCHOKOLADENMOUSSE
200 g vegane weiße Schokolade
400 g Seidentofu
1 kleine Prise Salz
½ Päckchen Vanillezucker
2 TL Puderzucker
100 ml vegane Schlagsahne

COOKIES
1 Vanilleschote
2 EL Sojamehl
20 ml Sojadrink
300 g Zartbitterschokolade
380 g Mehl Type 405
2 TL Backpulver
Prise Salz
170 g Zucker
180 g Margarine

KAISERSCHMARRN-PANCAKES

Alle Zutaten außer Margarine, braunen Zucker, Zwetschgenbrand und Puderzucker zu einem glatten Teig verrühren. Margarine in einer Pfanne erwärmen. Aus dem Teig Mini-Pancakes backen, diese jeweils von einer Seite anbräunen. Mit einem Pfannenwender die Pancakes umdrehen und weiter anbraten, bis alle goldbraun sind. Mit braunem Zucker bestreuen, etwas karamellisieren lassen und mit Zwetschgenbrand flambieren.

ZWETSCHGEN-GEL

Alle Zutaten miteinander aufkochen und auf einem Backblech abkühlen lassen. Danach in einen Mixbecher geben und zu einem glatten Gel mixen.

SCHOKOLADENMOUSSE

Die Schokolade mit einem Messer grob hacken und im Wasserbad schmelzen. Währenddessen den Seidentofu im Mixer oder mit einem Pürierstab fein pürieren. Mit Salz, Vanillezucker und Puderzucker vermengen.

Die vegane Schlagsahne in einer separaten Schüssel aufschlagen und im Kühlschrank kalt stellen. Danach die geschmolzene Schokolade und die Seidentofumasse miteinander angleichen, sodass keine Schokoladenklümpchen entstehen. Dafür die Seidentofumasse löffelweise in die warme Schokolade geben und immer wieder umrühren. Zum Schluss die geschlagene Sahne vorsichtig unterheben.

COOKIES

Den Backofen auf 175 °C Ober-/Unterhitze vorheizen. Die Vanilleschote halbieren und das Mark mit einem Messer herauskratzen. Sojamehl und Sojadrink mit einem Schneebesen verrühren bis eine homogene Masse entsteht. Schokolade klein hacken. Die Mischung aus Sojamehl und Sojadrink mit dem Mehl, Backpulver, Salz, Zucker, Vanilleschotenmark und Margarine zügig miteinander verrühren. Zum Schluss die Schokolade unter den Teig heben.

Mit Hilfe eines Teelöffels aus dem Teig ca. 50 g schwere Kugeln formen. Diese auf ein mit Backpapier ausgelegtes Backblech setzen und leicht andrücken. Für ca. 15–20 Minuten backen.

Zum Anrichten zuerst das Gel mithilfe einer Squeezeflasche in Schlangenform auf den Teller geben. Cookies in grobe Stücke brechen und auf dem Teller verteilen. Mousse mit dem Teelöffel in 3–5 kleine Nocken formen und zwischen die Cookie-Stücke geben. Zum Schluss die Kaiserschmarrn-Pancakes anrichten.

SCHWARZWÄLDER KIRSCHTÖRTCHEN

ZUTATEN FÜR 6–8 TÖRTCHEN

BODEN
300 g Weizenmehl Type 405
150 g Zucker
1 Msp. Kakaopulver
1 Msp. gem. Vanille
1 Prise Salz
1 TL Backpulver
¼ TL Natron
1 EL Apfelessig
150 ml Pflanzendrink
100 ml Wasser
80 ml neutrales Pflanzenöl
etwas ger. Orangenschale
50 g Zartbitterschokolade

KIRSCHEN
1 Glas Sauerkirschen (Einwaage 680 g)
60 EL Speisestärke

CREME
125 ml vegane Schlagsahne (ungesüßt)
6 g Zucker
500 g vegane Mascarpone
4 cl Kirschwasser

BODEN

Den Backofen auf 200 °C Umluft vorheizen. Zuerst alle trockenen Zutaten bis auf die Schokolade vermengen, dann die flüssigen Zutaten sowie die Orangenschale hinzugeben und kräftig durchmischen. 50 g gehackte Schokolade im Wasserbad schmelzen und ebenfalss unterrühren. In eine Springform (26 cm Durchmesser) geben und im vorgeheizten Ofen ca. 20 Min. backen. Danach die Stäbchenprobe machen.

KIRSCHEN

Die Kirschen abgießen und abtropfen lassen, dabei den Saft auffangen. 3 EL Kirschsaft und Speisestärke verrühren, den restlichen Saft aufkochen, dabei die Speisestärke unter Rühren hinzufügen.

CREME

Die ungesüßte Schlagsahne aufschlagen und mit Zucker und der veganen Mascarpone vermengen.

Zum Fertigstellen den Biskuit ausstechen und wie bei einer Schwarzwälder Kirschtorte in 3 Schichten schneiden. Jede Schicht mit Kirschwasser tränken.

In einem Ring abwechselnd Boden, Kirschen und Creme schichten. Vorgang für jeden Ring wiederholen und mit einem Biskuit abschließen.

Zum Dekorieren mit einem Spritzbeutel und einer runden Loch-Tülle kleine Punkte setzen und zum Abschluss mit Kakaopulver bestreuen.

rustikal

ZUTATEN FÜR 4 PERSONEN

BODEN
300 g Weizenmehl Type 405
150 g Zucker
1 Msp. Kakaopulver
1 Msp. gem. Vanille
1 Prise Salz
1 TL Backpulver
¼ TL Natron
1 EL Apfelessig
150 ml Pflanzendrink
100 ml Wasser
80 ml neutrales Pflanzenöl
etwas ger. Orangenschale
50 g Zartbitterschokolade

KIRSCHEN
1 Glas Sauerkirschen (Einwaage 680 g)
60 EL Speisestärke

CREME
125 ml vegane Schlagsahne (ungesüßt)
6 g Zucker
500 g vegane Mascarpone
4 cl Kirschwasser

KIRSCHEIS
80 g Zucker
400 g gefrorene Kirschen
140 g vegane Sahne (gekühlt)

KIRSCHGEL
250 ml Kirschsaft
65 g Passionsfruchtpüree
30 g Zucker
3 EL g Agartine
3,25 g Gellan

SCHOKOLADENMOUSSE
200 g vegane Zartbitterschokolade (72 % Kakaoanteil)
400 g Seidentofu
1 kleine Prise Salz
½ Päckchen Vanillezucker
1–2 TL Puderzucker (optional nach Geschmack)
1 TL Glühweingewürz
100 ml vegane Schlagsahne

SCHWARZWÄLDER KIRSCHTORTE DEKONSTRUIERT

BODEN

Den Backofen auf 200 °C Umluft vorheizen.

Zuerst alle trockenen Zutaten bis auf die Schokolade vermengen, dann die flüssigen Zutaten sowie die Orangenschale hinzugeben und kräftig durchmischen.

Gehackte Schokolade im Wasserbad schmelzen und ebenfalls unterrühren. In eine Springform (26 cm Durchmesser) geben und im vorgeheizten Ofen ca. 20 Min. backen. Danach die Stäbchenprobe machen.

KIRSCHEN

Die Kirschen abgießen und abtropfen lassen, dabei den Saft auffangen. 3 EL Kirschsaft und Speisestärke verrühren, den restlichen Saft aufkochen, dabei die Speisestärke unter Rühren hinzufügen.

CREME

Die ungesüßte Schlagsahne aufschlagen und mit Zucker und der veganen Mascarpone vermengen.

KIRSCHEIS

Zucker in den Mixer geben und 10 Sekunden auf höchster Stufe pulverisieren.

Obst in den Mixtopf geben und 12 Sekunden auf höchster Stufe zerkleinern. Mit dem Löffel oder einem Stößel zwischendurch die Masse nach unten schieben.

Sahne in den Mixer geben und 30 Sekunden auf Mittlerer Stufe verrühren. Sofort servieren oder in einer gefrierfesten Form ins Gefrierfach geben.

KIRSCHGEL

Alle Zutaten miteinander aufkochen und auf einem Backblech abkühlen lassen. Danach im Mixer zu einem glatten Gel verarbeiten.

MOUSSE

Schokolade mit einem Messer klein hacken und im Wasserbad schmelzen.

Währenddessen den Seidentofu im Mixer fein pürieren und mit Salz, Vanillezucker, Puderzucker und Glühweingewürz vermengen.

Die vegane Schlagsahne in einer separaten Schüssel aufschlagen und kurz im Kühlschrank kalt stellen.

Danach die geschmolzene Schokolade und die Seidentofu-Masse miteinander angleichen, sodass keine Schokoladenklümpchen entstehen. Dafür die Seidentofu-Masse löffelweise in die warme Schokolade geben und immer wieder umrühren. Zum Schluss die geschlagene Sahne vorsichtig unterheben.

Zum Anrichten einen Klecks Mousse auf den Teller geben und mit einem Löffel bogenförmig ziehen. Kuchenboden zerkrümeln und auf die Mousse geben. Die Creme mit Hilfe eines Spritzsackes mit einer Lochtülle zu Punkten dressieren, das Kirschgel in eine Squeezeflasche geben und ebenfalls in Punkten auf den Teller geben. Das Eis mit einem heißen Löffel abstechen und neben der dekonstruierten Mousse platzieren.

BIRNE HELENE

ZUTATEN
4 Birnen
350 ml Weißwein
100 g Zucker
½ Vanilleschote
½ TL Zitronenabrieb

SCHOKOLADENSOSSE
220 ml vegane Sahne
160 g Zartbitterschokolade

AUSSERDEM
100 g Vanilleeis
(Rezept S. 63)
4 EL Mandelblättchen

Die Birnen schälen, der Länge nach halbieren und die Kerngehäuse entfernen.

Wein, Zucker, Vanilleschote und ein wenig Zitronenschale kurz aufkochen lassen. Die Vanilleschote herausnehmen, aufschneiden, mit dem Messerrücken das Mark herauskratzen und in die Flüssigkeit geben.

Die Birnenhälften in den heißen Sud legen und darin für ungefähr 6–8 Minuten auf kleiner Flamme weich köcheln, dabei einmal vorsichtig umdrehen. Die Birnenhälften sollen nicht zerfallen. Anschließend im Sud abkühlen lassen.

In der Zwischenzeit für die Schokoladensoße vegane Sahne unter Rühren erhitzen, die grob gehackte Schokolade darin schmelzen lassen.

Vor dem Servieren jeweils zwei Birnenhälften mit etwas Vanilleeis füllen und so zusammensetzen, dass die Birne wieder als Ganzes erscheint. Den süßen Sud durch ein feines Sieb streichen und auf die Teller verteilen. Noch etwas Vanilleeis nach Rezept von S. 63 hinzufügen und mit Mandelblättchen und Schokoladensoße dekorieren.

WHO THE FUCK IS HELENE?

ZUTATEN FÜR 4 PERSONEN

SCHOKOLADENMOUSSE
200 g vegane Zartbitter-schokolade (72 % Kakaoanteil)
400 g Seidentofu
1 kleine Prise Salz
½ Päckchen Vanillezucker
100 ml vegane Schlagsahne
1–2 TL Puderzucker (nach Geschmack)

SCHOKOKUCHEN
2 Birnen
300 g Weizenmehl
150 g Zucker
1 Msp. Kakaopulver
1 Msp. gem. Vanille
1 Prise Salz
1 TL Backpulver
¼ TL Natron
1 EL Apfelessig
150 ml Pflanzenmilch
100 ml Wasser
80 ml Pflanzenöl
Etwas geriebene Orangenschale
50 g Zartbitterschokolade

BIRNENSALAT
50 g Margarine
2 Birnen
1 TL gemahlener Zimt
15 g Zucker
1 Pkt. Vanillezucker
30 ml Weißwein

BIRNEN-GEL
250 ml Birnensaft
65 g Passionsfruchtpüree
30 g Zucker
3 EL g Agartine
3,25 g Gellan

SCHOKOLADENMOUSSE

Schokolade mit einem Messer grob hacken und im Wasserbad schmelzen.

Währenddessen den Seidentofu im Mixer fein pürieren und mit Salz, Vanillezucker und Puderzucker vermengen. Die vegane Schlagsahne in einer separaten Schüssel aufschlagen und kurz im Kühlschrank kalt stellen.

Danach die geschmolzene Schokolade und die Seidentofumasse miteinander angleichen, sodass keine Schokoladenklümpchen entstehen. Dafür die Seidentofumasse löffelweise in die warme Schokolade geben und immer wieder umrühren. Zum Schluss die geschlagene Sahne vorsichtig unterheben.

SCHOKOKUCHEN

Den Backofen auf 200 °C Umluft vorheizen. Birnen schälen, entkernen und würfeln. Dann alle trockenen Zutaten bis auf die Zartbitterschokolade in einer Schüssel vermengen, anschließend die flüssigen Zutaten sowie Orangenschale und Birnenwürfel hinzugeben, kräftig durchmischen. Schokolade im Wasserbad schmelzen und unterrühren. In Muffinförmchen geben und im vorgeheizten Ofen ca. 20 Min. backen. Anhand einer Stäbchenprobe prüfen, ob die Muffins durchgebacken sind.

BIRNENSALAT

Margarine in einer Pfanne zerlassen. Birnen schälen, entkernen und würfeln, dann in der Margarine hellbraun anrösten. Dabei öfters umrühren, damit sie nicht anbrennen. Zimt, Zucker und Vanillezucker hinzufügen, mit Weißwein ablöschen und kurz köcheln lassen.

BIRNEN-GEL

Alle Zutaten miteinander aufkochen und auf einem Backblech abkühlen lassen. Danach in einen Mixbecher geben und zu einem glatten Gel mixen.

Den Kuchen zu einer »Erde« zerkrümeln und auf einem Teller anrichten. Schokoladenmouse auf den Teller geben und mit einem Löffel den Birnensalat auf die »Erde« geben. Birnen-Gel mit Hilfe einer Squeezeflasche zu Punkten spritzen.

Festliches Dinner

Vorspeise

ROTKOHL PRALINE

* * *

Suppe

BLITZGERÄUCHERTE ZWIEBEL-CONSOMMÉ

mit Räuchertofu-Zwiebel-Kaviar und Mandelkäse-Brioche

* * *

Hautgang

INVOLTINI

vom Soja-Steak aus dem Rivaner-Gemüsesud mit Rösti auf Selleriecreme an Ofenkarotte und Champignonsoße

* * *

Dessert

SCHWARZWÄLDER KIRSCHTORTE DEKONSTRUIERT

Christmas Menu

Vorspeise

APFEL-ROTKOHL-SUPPE MIT ZIMT-CROÛTONS

* * *

Hautgang

GESCHMORTER SELLERIE

mit Kräuter-Mandel-Kruste an Blaukraut-Tramezzini-Roulette
mit Salted Caramel-Biersoße

* * *

Dessert

LINZERTORTE RELOADED

DANKE!

Ich sage Danke! Danke an meine Fans und alle, die mich unterstützt und immer an mich geglaubt haben. Ich danke meinen Managern, ich danken meinen Sponsoren. Ich danke all den Frauen, die mir zu Füßen liegen und mich verehren ... Halt! Stop! Okay,

Spaß beiseite! Ich gebe zu, da ist wohl meine Fantasie gerade etwas mit mir durchgegangen. Aber Hand aufs Herz – wer hat nicht schon mal »seine eigene« Oskar-Rede gedichtet und sie theatralisch vor dem Spiegel einstudiert? Ich schon. Und so in etwa wäre der Wortlaut gewesen. Kreativ, oder?

Aber auch wenn es hier natürlich (noch) nicht um die Oscar-Verleihung geht, gibt es Menschen, denen ich an dieser Stelle gerne danke sagen möchte.

Die allerwichtigsten und liebsten Dankesgrüße gehen raus an meine Mutti. Wieso? Einfach, weil sie die tollste Frau der Welt ist, mich geboren hat und weil man Muttis schon allein aus Anstand als erstes grüßt 😉.

Zweiteres grüßt man die Menschen die einem am nächsten stehen. Ich danke dir, Lili für deine unglaubliche Unterstützung. Es klingt fast nach einer Floskel, aber ohne dich wäre dieses Buchprojekt nicht umsetzbar gewesen. Wenn ich unmotiviert war, hast du mich motiviert. Du hast tolle Ideen eingebracht und beim Foodstyling und der Set-Gestaltung wirkte es, als hättest du noch nie etwas anderes gemacht. Ich bin so unfassbar stolz, dich beruflich und als beste Freundin an meiner Seite zu haben!

Vielen Dank auch an all die Hoteliers und Küchenchefs, die mich auf meinem Weg so geprägt haben. Vor allem danke ich dem Team vom Hotel-Restaurant »Zum Prinzen« in Kappelrodeck! Hans-Jörg Schmelzle, der mein Talent erkannte und mich immer wieder förderte und forderte. Frank Müller, mein Lehrmeister und Ausbilder. Frank, während ich das hier schreibe, habe ich tatsächlich Tränen in den Augen, weil du mir dieses Handwerk von der Pike auf beigebracht hast. Du hast den Grundstein für meine Arbeit als Koch gelegt und mich auch menschlich so sehr geprägt. Thomas Rösch, dafür, dass du mir mehr als drei Jahre mein Chef warst, mir eine Heimat und ein Zuhause gabst.

Vielen Dank an dieser Stelle natürlich auch an den Ventil Verlag und sein großartiges Team für die Geduld und das Vertrauen. Es war mir eine große Freude, mit euch zu arbeiten und ich freue mich auf viele weitere spannende Projekte mit euch!

Und zu guter letzt danke ich allen, die diese Danksagung bis zuletzt gelesen und mich mit dem Kauf dieses Buches unterstützt haben. Danke!

Euer Timo Franke

P.S.: Danke Jessi fürs Vegan machen <3

EMPFEHLUNGEN FÜR BEZUGSQUELLEN

Citras-Pulver
www.bosfood.de

Elastic-Pulver
www.bosfood.de

Agar-Agar
www.bosfood.de

Agartine
www.ruf.eu

Isi Sahnespender
www.bosfood.de

Druckkapseln für Isi Sahnespender
www.bosfood.de

Paletten und Minipaletten sowie
Küchenwerkzeuge aller Art
https://triangle-tools.de

Küchenmesser
www.kai-europe.com

Das meiner Meinung nach beste Küchenbrett
www.frankfurter-brett.de

Veganer Käse meiner Wahl
www.simply-v.de
www.mondarella.eu
www.vegusto.ch/de

Veganer Bacon
www.vantastic-foods.com

Vegane Salami
https://shop.herbasch.de

Vegane Sahne
https://schlagfix.com

Hochleistungsmixer
www.biancodipuro.com

Dörrautomat
www.saro.de